"대화를 잘하고 싶으세요?"

부부끼리, 부모와 자녀가, 친구끼리
즐겁고 편안하게 대화하며 친해지고 싶다면,
각자 한 권씩 책을 펼치고 뉴트로 데이트를 합시다!
함께 있는 물리적인 시간이 길어질 때
관계가 좋아지는 것이 아니라
서로 만족스러운 대화를 했을 때 관계가 좋아집니다.

해옥샘의 뉴트로 대화코칭 워크북

굿럭!
뉴트로 ♡ 데이트

데이트할 때 오늘의 이벤트로 추천합니다

최 해 옥 지음

W&K 교육연구소

Prologue

"대화를 잘하고 싶으세요?"

부부끼리, 부모와 자녀가, 친구끼리
즐겁고 편안하게 대화하며 친해지고 싶다면,
1:1 뉴트로 데이트를 합시다!

부모교육 강사로 많은 부모님을 만나고, 교육연구소에서 학생과 가족을 상담하면서, 그리고 석사과정과 박사 과정의 공부를 하면서도 늘 '가족'이 화두였습니다.
가족에 대해 잠시 생각하면 우리 가족은 매우 특별하고 귀한 인연임에 동의하지요? 분명 마음으로는 귀하게 여기고 애틋하게 사랑하는데 일상에서는 특별하고 귀하다고 표현하지 못하거나, 서투르게 표현해서 관계가 불편한 경험이 종종 있습니다. 그런 어색한 순간에는 '가족끼리 그러는 거 아니야'라는 말로 넘기곤 했습니다. 그래서 물어봅니다.

"여러분의 가족은 친밀한가요?"

저의 경험으로는 가족끼리 1:1 데이트하면 정말 좋습니다. 데이트는 일반적으로 이성(異性)끼리 교제를 위하여 만나기로 한 약속이나 만남을 말합니다. 이 책에서의 데이트는 이성이 아니어도 두 사람이 서로 친해지려고 하는 만남입니다. 최근에 누구와 데이트하셨나요? 어디서 어떤 대화를 나누셨나요? 그 데이트에 대해 만족하십니까? 데이트에서 어떤 대화를 주고받으면 서로 웃고 더 친해질까요? 데이트는 오롯이 서로에게 집중하고, 서로에 대해 이야기합니다.

강의나 상담을 통해 만났던 어떤 가족은 같은 집에 살며 서로에게 집중하는 게 아니라 집착한다고 느껴서 힘들어했고, 또 다른 가족은 서로에게 무관심하다고 느껴서 우울했고, 가족 간에 서로를 잘 안다고 미루어 짐작할 뿐 실제로는 잘 알고 있지 못한 경우를 만날 때마다 매우 안타까웠습니다.

외국 영화 속에서 본 행복한 가족처럼 살고 싶은데,
왜? 우리는 부모와 자녀가 서로 인정하고 격려하는 대화가 어색할까?
왜? 우리는 부부가 모닝뽀뽀와 허그를 자연스럽게 할 수 없는가?
왜? 우리 한국의 노부부는 각 방을 쓰는 것이 당연하고 서로를 원망하는 말을 하는가?

코로나 이후의 세상은 정말로 많이 변하고 있습니다. 언택트 문화가 확산되었고 그것이 일상이 되었습니다. 빠르게 변화하는 세상 속의 대한민국은 선진국이 되려고 하는 나라일까요?

이미 선진국일까요? 대한민국은 2012년 6월에 이미 세계가 정해 놓은 선진국의 기준을 통과했습니다. 그 해답은 대한민국이 전 세계에서 가장 빠른 속도로 발전한 나라인 점에서 찾을 수 있습니다. 너무 빠르고 다양한 변화로 세대 간의 경험과 의식도 달라졌습니다.

농사를 지었던 조부모 세대는 남녀차별을 경험하며 대가족 제도하에서 부모와 자식을 위해 헌신하며 냉장고 세탁기가 없던 시절의 삶을 살았습니다. 그들의 자녀인 베이비부머세대, 386세대, 밀레니엄세대는 아날로그와 디지털이 섞인 환경을 경험하고, 개발도상국에서 선진국으로 성장하는 과정과 민주화를 경험한 세대이며, 결혼하고 핵가족으로 살며 외식문화 속에서 자녀에게 사교육을 하는 삶을 살았습니다. 그리고 그들의 자녀인 Z세대와 알파세대는 완전히 디지털화된 세상에 태어났고 부모가 바쁠 때는 테블릿pc를 보고, 컴퓨터와 AI를 활용하여 공부하며, 가상과 증강현실을 체험하여 인터넷 소통이 매우 자유롭고, 각자의 방을 가진 1인1방 세대로 개인적이고 독립적인 경향이 많습니다. 그러니 나이는 물론이고경험치에 따른 세대 차이가 당연합니다.

물질주의, 타인과의 경쟁 구도 사회에서 과정보다 결과를 중시하는 삶을 살았던 부모 세대와 달리 자녀 세대는 현실주의 가치관을 가지며 경쟁보다 화합해야 하고, 고급 정보를 타인과 공유하는 사람이 더 환영받는 사회를 살고 있습니다. 부모 세대는 4지선다형 문제를 풀었다면, 서술형의 문제를 풀며 자라난 자녀 세대는 결과보다는 과정을 고민하고, 중요하게 생각하는 사고를 갖기에 부모가 결과에 집착하고 대화하려고 하면 거기서부터 소통의 어려움이 생깁니다.

코로나 이전에는 부모의 귀가 시간과 학교와 학원을 오가면서 공부하는 자녀의 귀가 시간이 다르고, 각자의 스트레스와 숙제 등으로 인하여 온 가족이 함께 대화하는 시간을 가지고 싶어도 물리적으로 시간이 부족했습니다. 2019년 조사 결과에 따르면 가족이 함께 대화한 시간은 13분이었습니다. 현재는 코로나 19로 인하여 재택근무하는 부모와 온라인 수업을 하는 자녀가 함께 '집콕'하고 '방콕'하며 한 공간에 머무는 시간이 길어졌음에도 오히려 부모와 자녀 서로가 너무 힘들다고 호소하고 있습니다.

가족이 함께 있는 물리적인 시간이 길어질 때 관계가 좋아지는 것이 아니라 서로 만족스러운 대화를 했을 때 관계가 좋아집니다. 가족이 대화를 많이 할수록 친해진다고 하는데, 어떤 대화를 해야 하는지 어떻게 질문해야 하는지 너무 막막하다고 합니다. '질문'하면 유대인들의 하브루타를 많이 언급하지요? 하브루타는 히브리어인 '하베르'(친구라는 의미)에서 유래되었고, 짝을 지어서 질문하고 대화하고 토론하는 것을 말합니다.

이 책은 가족이 친구처럼 잘 소통하는 하브루타 대화를 할 수 있도록 질문을 준비했습니다. 한 사람이 한 권씩 가지고 서로에게 어떤 질문을 하면 좋을지 선택하고, 인터넷과 휴대폰을 활용하여 검색해보고, 각자의 손글씨로 기록을 남기도록 준비했습니다. 여행이나 행사처럼 몇 번의 특별 이벤트를 행복했다고 기억하는지 일상에서의 소소한 즐거움이 행복으로 기억되는지 경험하도록 한 사람이 질문하면 상대가 스토리텔링 하면서 대화할 수 있도록 준비했습니다.

뉴트로는 새로움(New)과 복고(Retro)를 합친 신조어로 복고(Retro)를 새롭게(New) 즐기는 경향을 말하는데, 부부끼리, 부모와 자녀가, 그리고 친구끼리도 이 책을 통해 1:1 뉴트로 데이트하고, 서로 친해지기를 바랍니다.

2021년 7월 최해옥

이 책을 활용하기 전에

서로 잘 지내고 싶으세요?

부부끼리, 부모와 자녀가, 친구끼리
각자 책을 한 권씩 준비하고,
질문에 나의 이야기를 적거나 그린 후
서로 보여주면서 대화합니다.

친구나 직장 동료와의 대화는 화제가 다양합니다. 그리고 자주 대화하면 서로를 잘 이해하게 되어 자연스럽게 친해지고 오해가 줄어듭니다. **가족의 대화는 어떤가요? 서로 웃으며 자주 긍정적으로 대화하고 서로를 이해하나요?** 가족이 대화하면 공부 이야기, 부모님 이야기, 지출 관련 이야기 등이 반복되어서 맨날 똑같은 소리를 한다며 상대의 말을 제대로 듣지 않고 자기 말만 하는 경우가 종종 있습니다. 좋은 의도로 시작했으나 대화가 안 될 경우에는 싸움으로 이어지기도 하고, 서로 관계가 불편해지기도 합니다. 관계가 불편하면 당사자와 직접 이야기하기를 꺼리고 서로 멀어진다고 느낍니다.

부부, 연인, 부모와 자녀, 친구가 대화를 나눈다는 것은 사랑하고 있음을 나타내며 교류하는 방법입니다. 대화시간이 길어지면 친해진다고 해서 많은 사람이 마음먹고 대화하려고 시간을 내도 어떤 이야기를 나누어야 할지 어려움을 겪습니다. **이 책은 두 사람이 각자의 책을 펼치고 한 페이지씩 동시에 넘기며 활동하고 서로를 이해하는 대화를 나누도록 이끌어 갑니다.** 그리고 각자의 책이 필요한 이유는 계속 한 집에 동거하지 않고, 진학이나 취업, 결혼 등의 이유로 분가할 때 소중한 추억으로 각자가 간직할 수 있기 때문입니다.

1부는 대화를 하면서 상대의 이야기를 듣고 어떻게 반응하는 것이 효과적인지와 내가 상대에게 도움을 주는 표현 방법과 질문 방법, 그리고 스토리텔링을 진심으로 이해하도록 준비했습니다. 2부는 대화를 나누며 자신을 점검하는 과정을 가지는 주제들입니다. 내가 보는 '나'와 상대가 알고 있는 '나'는 다를 수 있습니다. 어쩌면 자신을 직면하지 않고 자신이 되고 싶거나 되겠다고 생각하는 다른 사람만을 바라보았는지도 모릅니다. 질문과 스토리텔링을 통해 자신을 어떤 존재로 바라보는지, 어떤 가치를 소중하게 생각하는지, 자신이 원하는 것이 무엇인지 돌아보고 자신을 표현하는 대화를 나누기를 바랍니다. 3부에서는 내가 알고 있는 우리 가족에 대해 확인하고 서로를 알아가도록 준비하였습니다. 엄마와 아빠가 사랑하고 결혼한 이야기와 출생 후 가족의 이야기를 나누어 보세요. 자녀는 때로는 부모의 실수 경험담도 궁금합니다. 행복은 타인의 평가가 아닌 내 경험 속에 있습니다. 행복한 삶의 바탕이 되는 어린 시절의 기억과 경험을 통해 나의 정체성을 확인할 수 있도록 부모와 가족에 관하여 행복에 집중하는 대화를 나누기를 바랍니다. 그리고 서로의 버킷리스트를 통해 앞으로 이루고 싶은 다양한 삶의 이야기를 나누기를 바랍니다.

서로를 존중하는 대화가 건강한 대인 관계를 만듭니다. 컴퓨터 속에 저장된 옛날 사진과 동영상을 함께 보면서 이야기 나누기를 추천합니다. 상대가 이야기하면 공감을 표현하면서 더 깊이 들어주세요. 그리고 용서는 앞으로는 다르게 행동할 수 있도록 다시 기회를 주는 겁니다. 편견을 이야기할 때 거들지 말고, 혹시라도 상처받지 않도록 가족을 배려하면서 대화하기를 바랍니다. 더불어 서로가 바라는 삶은 어떤 삶인지, 서로를 알아가는 즐거움을 경험하기를 기대합니다.

"그래서 어떻게 되었어?"
"가장 기억에 남는 것은 무엇이지?"
"그때 기분은 어땠어?"
"어떤 점이 가장 좋았어?"
"지금 생각하면 무엇을 바꾸고 싶어?"
"새롭게 깨달은 것은 무엇이야?"

지금부터 뉴트로 데이트하면서 많이 웃고 즐거운 시간 누리시기를 응원합니다.

contents

Part 1 / 궁금해요?

대화를 잘하려면 _ 14
WISDOM 대화 모델 _ 16
카이로스의 시간 _ 22
화가 나는 것과 화를 내는 것은 달라요 _ 24
내 감정, 내 기분, 내 느낌 _ 26
감정(마음)표현도 배우면 더 잘할 수 있어요 _ 28
나는 몇 살까지 살까요? _ 30
좋아하는 것과 잘하는 것은 다를 수 있어요 _ 32
듣는 척, 그만! _ 34

Part 2 / 나는요

자신의 모습 _ 40
난 토요일에 태어났어요 _ 44
어린 시절은 _ 46
그때 내 별명들은 _ 48
기쁨이 달려온 날 _ 50
눈물을 펑펑 쏟았던 기억 _ 52
나 자신을 위하여 _ 54
정말 좋아해 _ 56
마음속 보석을 찾는 시간 _ 58
키우고 싶은 성장 미덕 _ 62
반짝이는 나의 보석 _ 64

Part 3 / 우리 가족 이야기

가족은 어떤 대화를 해야 하나요? _ 69
만남 이야기 _ 72
엄마와 아빠의 데이트 _ 74
매력과 장점 _ 76
결혼 이야기 _ 78
부모됨의 순간 _ 80
우선순위 _ 82
앨범 속 이야기 _ 84
버킷리스트 이야기 _ 86

Part 4 / 그랬구나!

자녀의 성장에 따른 부모의 역할 _ 90
부모의 이혼을 어떻게 말하죠? _ 93
부모가 하지 말아야 할 것 _ 94
자녀가 싸우고 이를 때 힘들어요 _ 96
약속을 안 지켜요 _ 100
게임만 좋아하고 공부는 싫어해요 _ 102
알파세대와 Z세대 자녀의 사춘기 _ 104
생리대와 콘돔 이야기 _ 108
우리 가족의 인권 이야기 _ 110

부록1. 세계인권선언 전문 _ 112
부록2. 유엔아동권리협약 전문 _ 114

Part 1. 궁금해요!

♡ 대화를 잘하려면 - 14
♡ WISDOM 대화 모델 - 16
♡ 카이로스의 시간 - 22
♡ 화가 나는 것과 화를 내는 것은 달라요 - 24
♡ 내 감정, 내 기분, 내 느낌 - 26
♡ 감정(마음)표현도 배우면 더 잘할 수 있어요 - 28
♡ 나는 몇 살까지 살까요? - 30
♡ 좋아하는 것과 잘하는 것은 다를 수 있어요 - 32
♡ 듣는 척, 그만! - 34

궁금해요? ♡ 대화를 잘하려면

대화를 잘한다는 것은 상대의 말과 마음을 잘 듣고 나의 마음을 잘 표현하는 것입니다. 대화에서 중요한 원칙은 말의 양보다 질이 중요하고, 무엇을 말할까도 중요하지만 어떻게 말하는지가 더 중요할 때가 많습니다. 그리고 대화에서 표현 방식도 중요하지만 상대와의 관계 속에서 이루어지므로 진정성이 더 중요합니다.

대화를 잘하려면 첫째 대화에 임하는 태도 즉 마음가짐이 중요합니다. 정직하지만 겸손과 지혜를 적절히 조절할 수 있어야 합니다. 긍정적이고 낙관적인 마음과 품위 있는 말로 소통해야 합니다. 둘째로는 서로에게 마음을 열 수 있을 정도의 신뢰가 필요합니다. 이때 신뢰는 내 마음을 얼마나 개방하여 보여줄 수 있는 친밀한 관계인지를 말합니다. 셋째로는 상대를 잘 알아차리고 반응하는 내가 되어야 합니다. 내 방식이 아니라 상대의 방식에 내가 맞추면서 대화하는 것입니다. 왜냐하면 내가 아무리 달콤한 이야기를 하려고 시도해도 상대가 듣지 않으면 소용이 없기 때문입니다.

대화할 때는 상대의 자존심이 상하지 않도록 배려하고, 공감하는 반응을 하면서 잘 듣고 있음을 표현해야 합니다. 흔히 경청을 눈으로 듣고, 귀로 듣고 마음으로도 듣는 것이라고 합니다 다만 잘 듣고 있다는 표현이 없다면 상대는 모릅니다. 상대의 이야기를 듣고 감탄사를 많이 표현할 때 관계도 긍정적으로 인식되고 행복감이 커지는 경험을 기억해보세요.

그래서 '음~', '오~', '아~' 등의 감탄사로 반응하기를 추천합니다.

대화를 잘하려면 상대가 이야기를 편하게 하도록 페이싱해야 합니다. 페이싱은 상대의 말, 표정, 태도를 따라가고 맞추는 반응입니다. 남자와 여자가 대화할 경우를 예로 든다면, 남자는 내가 말할 때 상대가 내가 한 말 중에 한 단어를 반복해주면 '잘 듣고 있구나'라고 이해합니다. 여자는 내 이야기를 듣는 상대가 즉각적으로 또는 이야기의 중간중간 리액션 하면 경청한다고 이해합니다. 대표적인 리액션은 '어머' '와' '대박' '헐' 등의 단어입니다. 상대의 말이 끊기지 않도록 문장이 아니라 짧은 단어로 추임새 하는 것입니다. 또는 소리는 내지 않고 눈이나 입으로 표정을 보여주는 방법, 어깨를 으쓱하는 바디랭귀지로 반응하는 방법도 있습니다. 데이트할 때 서로에게 호감이 만들어지면 같은 음료를 주문하거나 몸을 상대와 가깝게 앞으로 기울이고, 상대의 태도까지도 따라 하는 경우가 있는데 이러한 긍정적인 반응도 페이싱입니다.

심리학자인 Carl Rogers는 상대의 이야기를 잘 경청하는 것은 상대가 더 활짝 마음을 열도록 이끄는 방법이며, 적극적인 경청은 상대가 이야기하려는 말의 내용은 물론 내면의 마음을 이해하였음을 상대에게 다시 피드백하는 것이라고 합니다. 마스크 착용이 일상인 요즘에는 표정을 볼 수 없어서 매우 아쉽습니다. 그래서 적절한 바디랭귀지로 표현하는 것을 더욱 추천합니다.

궁금해요? ♡ WISDOM 대화 모델

대화를 잘하기 위해 '무엇을 이야기할 것인지'와 '어떻게 이야기할 것인지'는 중요한 부분입니다. 대화의 방향을 잘 정하고 상대가 예측할 수 있는 내용을 다루면서 WISDOM 대화 모델 과정을 참고하기를 추천합니다. 대화의 핵심은 질문입니다. 좋은 질문은 상대의 사고를 자극하여 상대가 편하게 스토리텔링 하도록 이끕니다.

Welcome (환영)	레트로 데이트를 위해 음악과 정성 담긴 차와 간식을 준비하고 '최근에 가장 행복했던 일이 있었다면 이야기해 주시겠어요?'라고 가볍게 대화의 물꼬를 트는 것입니다.
Issue (주제)	준비된 질문 중에서 하나를 선택하거나, 질문을 본 후 생각나는 어떤 창의적인 내용도 가능합니다. '우리가 어떤 이야기를 나누면 좋을까요?', '이 주제를 선택한 이유는 무엇인가요?'라고 질문하세요.
Situation (현재/미래의 상황)	'그때의 상황이 어떠한지를 말해줄 수 있나요?' '원인이 무엇이라고 생각하나요?' '당신은 구체적으로 어떤 상황이기를 원했나요?' '무엇을 바꾸면 당신이 원하는 상황으로 변화할 수 있나요?'라는 질문으로 스토리텔링을 도와줄 수 있습니다. 당신이 웃으면서 긍정적인 소통을 원한다면 '이야기를 긍정적인 말로 표현해 줄 수 있나요?'라고 말하면 됩니다.
Dedication (노력)	스토리텔링을 듣고 '그래서 노력했던 점은 무엇인가요?', '더 노력해야 할 부분이 있다면 어떤 점인가요?', '노력한 효과가 있었나요?', '노력에 대한 의지를 숫자로 나타내면 어느 정도인가요?', '도움이 필요하다면 누구에게 무엇을 요청하고 싶은가요?'라고 질문하여 자기 자신을 객관적으로 알아차리게 하는 것입니다.
Overcome (해결/극복)	'대화하면서 새롭게 알게 된 점은 무엇인가요?', '그것을 더 알아서 또는 알게 되면 지금과 무엇이 달라질까요?'라고 질문하세요.
Mimdfulness (마음챙김)	대화하고 나서 마음에 어떤 변화를 느꼈고 자신에게 어떤 긍정적인 응원 메세지를 말하고 싶은지 물어보는 것입니다.

항상 대화에서 상대가 긍정적으로 생각하도록 도와주세요. 즉 상대가 '~를 해야 한다'고 표현하면 '~를 원한다'로 바꾸도록 도와주세요. 예를 들면 '우선 숙제를 해야 한다고요'를 '숙제를 먼저 하기를 원하는군요'로 바꾸고, '시험에 합격해야 한다'라고 하면 '시험에 합격하기를 원하는군요'로, '살을 빼야 해요'를 '살을 빼고 싶군요'로 바꾸는 것입니다. 이렇게 하면 부정적인 에너지를 긍정적인 에너지로 이끌 수 있습니다.

대화에서 상대가 '어떤 선택을 해야 할지 모르겠어요'라고 하면 상대에게 선택의 기준이 되는 가치를 생각하도록 도와주세요. 예를 들면 '선택에는 어떤 차이가 있나요?', '마음 깊은 곳에서는 무엇을 원하나요?', '삶의 가치에 비추어보면 이 선택은 무엇이 중요한가요?'라고 말하는 것입니다. '숙제하는 것과 안 하는 것은 결과적으로 어떤 차이가 있나요?', '삶의 가치에 비추어 본다면 숙제하고 안 하는 것은 어떤 가치 때문에 중요한가요?'로 바꾸는 것입니다.

대화에서 상대의 습관을 바꾸고 싶다면 긍정적인 욕구를 알아차리도록 도와주세요. 습관으로 반복하는 이유를 긍정과 부정 둘 다 알아차리는 질문을 하고 상대도 긍정적인 결과를 원하고 있음을 확인하도록 도와주는 것입니다. 예를 들면 숙제하는 걸 자꾸 나중에 한다고 미루는 경우 '계속해서 나중으로 미루면 어떤 일이 생길까?'라고 묻는 것입니다. 그러면 상대가 '밤늦게 해야 하니까 졸리고 집중이 덜 되고 그냥 하기 싫어져요'라고 하면 당신이 아래의 질문 중에 어떤 질문을 선택하면 긍정적인 결과로 이끌 수 있을까요?

… '숙제를 안 하면 다음 날 어떻게 될까?'
… '늦게라도 지금 숙제를 다 하면 다음 날 어떻게 될까?'

대화에서 상대가 관계에서의 갈등을 이야기한다면 이야기를 듣고 사실과 감정을 구분해 주세요. '무슨 일로 속상했나요?'라고 사실을 확인하고, '그 일로 어떤 감정이 생겼나요?'라고 감정을 알아차리도록 도와주세요. 사실과 감정은 다릅니다. 그런 다음 '그래서 당신은 이 사실을 어떻게 해석했나요?'라고 생각이 해석임을 알아차리게 합니다. 사실에 대한 해석은 사람마다 다를 수 있습니다.

일상생활에서 갈등은 언제든 일어납니다. 갈등은 욕구가 다르거나 가치관이 다른 경우에 자주 발생합니다. '다르구나!'라고 차이를 받아들이면 쉽게 해결되기도 합니다. 다르다는 것을 알게 되는 것이 성장의 기회가 되기에 갈등은 선물이라고 표현하기도 합니다. 당신은 아래의 세 가지 질문 중에 어떤 질문을 선택하겠습니까?
… '서로 싸우지 않을 방법은 무엇일까요?'
… '싸우지 않을 방법을 생각하는 이유는 무엇인가요?'
… '서로 잘 지내고 싶은 이유는 무엇인가요?'

♡ WISDOM 대화 모델 실습

당신이 오늘 다루고 싶은 주제를 하나 생각한 다음,
WISDOM대화모델에 적용하여 대화코칭을 준비해 봅시다.

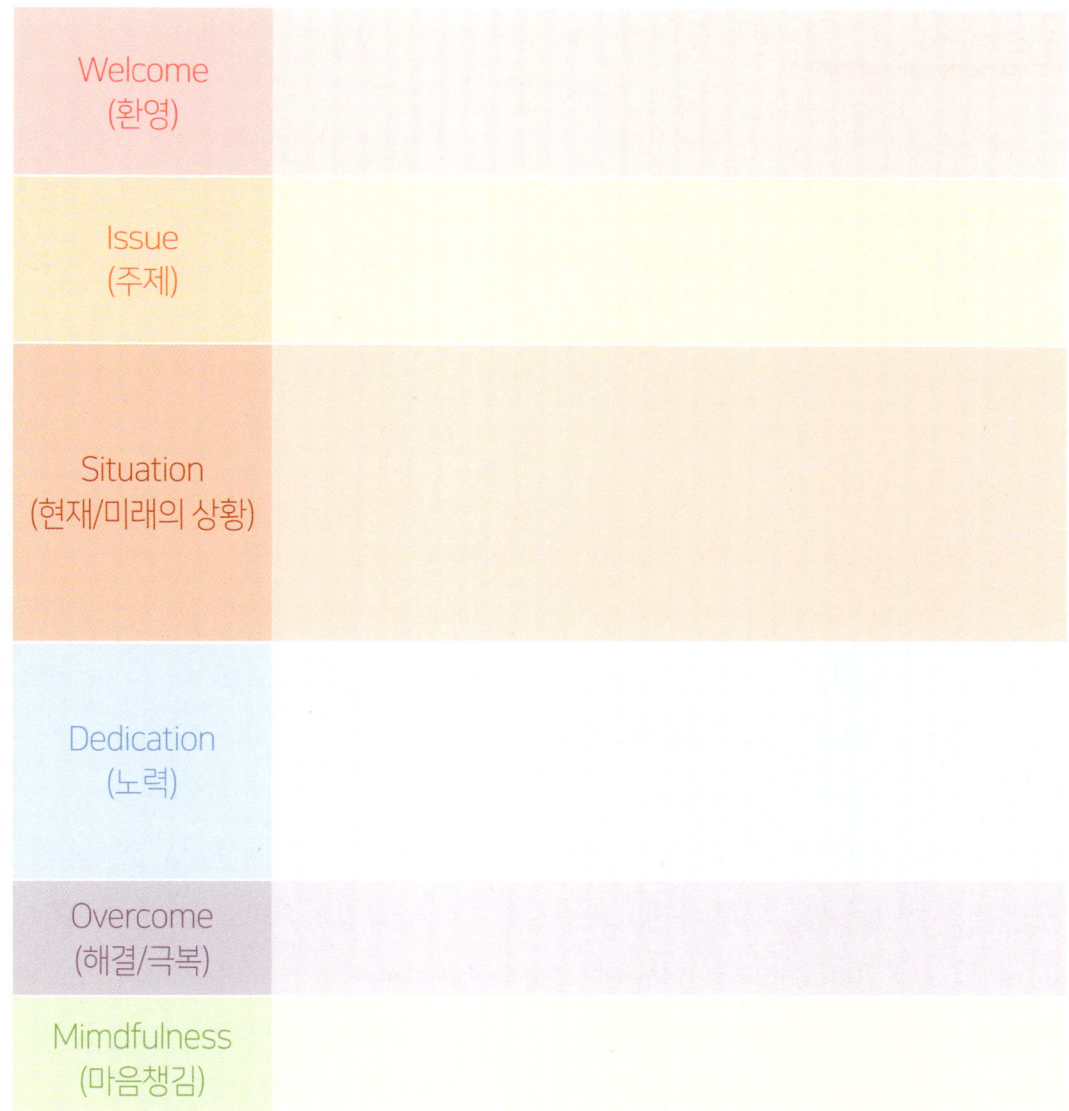

궁금해요? ♡ 카이로스의 시간

누구에게나 똑같이 적용되는 하루는 24시간이고 1년은 365일이라는 물리적인 시간, 양적인 시간을 크로노스의 시간이라고 합니다. 반면에 내가 경험하는 모든 시간 속에서 나에게 특별한 경험 즉 우리가 레트로 데이트에서 대화하는 삶의 사건처럼 의미 있는 시간을 카이로스의 시간이라고 합니다.

누구나 시간을 잘 사용하려고 한다면, 현재 내가 시간을 어떻게 사용하고 있는지 관찰하는 것이 우선입니다. 기상하는 시간부터 하루의 일과를 촘촘히 시간과 함께 메모하기를 적어도 3일 이상 해야 합니다. 특히 MZ세대와 알파세대에게 관찰 데이터가 없는 채로 대화한다면 '그 날만 그런 거예요', '그건 엄마 생각인거죠'라고 받아들여서 효과적인 결말에 이르기 어렵습니다. 따라서 부모가 수고스럽지만 자녀의 일상 시간표를 보여주며 자녀의 생활 패턴을 알려주고 시간 관리에 관해 대화하는 것이 좋습니다.

부모가 시계를 활용한 대화를 할 필요가 있습니다. 자녀가 언제 먹을 수 있냐고 보채더라도 '지금부터 떡볶이를 만들 건데 시간은 30분 걸릴 거야'라고 알려주면 보채지 않고 나름의 시간을 잘 보낼 겁니다. 반대로 자녀에게도 '영어 숙제 마치려면 몇 분 필요하니?'라고 말해주세요. 이렇게 물어도 평소 자신의 생활시간을 잘 파악하지 못한 경우에는 '10분요'라고 대충 말할 수 있습니다. 자녀에게 시간 개념이 생겨야 제대로 된 시간 계획을 짤 수 있습니다. 따라서 먼저 부모가 작성한 일과표를 보여주고, 스톱워치를 사용하면서 과목마다 숙제하는 데 걸린 시간을 적고, 확인하기를 반복하도록 도와주고 격려해 주세요.

자녀가 부모에게 같이 쇼핑가자고 할 때 부모가 '바쁜 일 좀 끝내고 가자'라고 하면 물리적인 시간으로는 몇 분이 걸린다는 것일까요? 부모의 바쁜 일이 자녀에게도 의미 있을까요? 이럴 때는 '그래 알았어. 같이 쇼핑하는 거 엄마(아빠)도 좋아. 그 대신 지금 하는 일을 마무리하는 데 시간이 좀 많이 걸린다'라고 알려주세요. 자녀가 원하는 것을 거절하는 것이 아니라고 전달하고 대안으로 시간을 제시하면 바람직합니다. '지금부터 한 시간 정도 걸릴 거야. 괜찮겠니?'라고 말하면 거절이 아니라 선택의 주도권을 자녀에게 넘겨주는 것입니다.

사랑하는 사람을 만나기 위해 장거리를 가고 데이트하는 시간은 너무도 짧게 느낍니다. 누구나 자신이 정말 좋아하는 일을 할 때는 밤샘도 할 수 있고 그런 후에 시간이 너무 짧았다고 말하기도 합니다. 내게 의미 있었던 만큼 물리적인 시간은 문제가 되지 않는 것입니다. 매우 주관적으로 사용되어서 대화를 방해하는 말 중에서 '늘, 항상, 맨날, 꼭'이라는 말이 대표적입니다. 자녀는 부모의 말 표현을 배웁니다. 영향력 있는 누군가가 말할 때 경청하듯이 나보다 약한 누군가가 말을 걸어오더라도 친절하게 들어준다면 좋은 사람이라고 기억됩니다. 부모와 자녀도 마찬가지입니다.

궁금해요? ♡ 화가 나는 것과 화를 내는 것은 달라요

영화 '인사이드 아웃'에 감정을 대표하는 기쁨이, 슬픔이, 까칠이, 소심이, 버럭이가 등장합니다. 누구든지 버럭 화부터 냈다가 후회한 경험이 있을 거예요. 화는 누구에게나 일어나는 보편적인 감정 중 하나입니다. 화(분노)는 '내가 옳다'라는 확신이 있을 때일수록 더 큰 힘을 가지게 되고, 나를 방어하기 위해 부당한 부분에 대해 표현하는 것이지요. 화(분노)라는 감정은 모른 척하면 점점 더 커질 수 있지만, 그 화(분노)에 귀 기울여 듣고 아는 척하면 작아질 준비를 한답니다.

화(분노)라는 감정은 보편적인 감정이지만, 화(분노)가 나서 하는 폭언이나 욕설, 신체적 체벌은 나쁜 행동이고 폭력입니다. 상대가 나에게 왜 화를 내는지 생각해 봅시다. 나에게 걱정과 두려움을 주어 자신의 목표를 이루거나 수치심을 건드려서 나의 자존감에 상처를 주려고 하는 경우가 많습니다.

겉으로는 화를 내지만 그 속에 감정은 걱정된다, 불안하다, 초조하다, 섭섭하다, 가슴이 두근거리다, 약이 오르다, 부끄럽다, 절망하다, 피곤하다, 지친다, 귀찮다, 혼란스럽다, 외롭다, 슬프다, 무섭다, 심란하다, 비참하다, 짜증스럽다, 민망하다, 어이없다, 떨떠름하다, 울적하다, 당황스럽다, 조심스럽다, 위축되다, 겁나는, 고립된, 권태로운, 난감한, 억울한, 상처받은 등의 감정이 있습니다.

화를 어떻게 표현할 것인지 행동은 각자의 선택입니다. 화는 대부분 감정입니다. 내 안에서 일어나는 이러한 감정을 잘 표현하지 못하고 습관적인 행동으로 표현합니다. 이렇게 그냥 화를 내는 것은 '화의 대물림'이라고 하는 화(분노)에 대한 나의 경험 때문입니다.

화내기 전에 먼저 내가 왜 화가 났는지, 어떤 감정을 전달하고 싶은 것인지를 생각하기 위해 잠시 멈춰야 합니다. 크게 숨을 들이마시고 내보내면서 잠시 멈추세요. 그런 다음 진짜 화가 난 이유를 생각하고 감정을 알아차린 후에 서로의 관계를 생각하면서 어떻게 화를 낼 것인지 선택하는 겁니다.

감정은 우리의 말과 행동에 영향을 줍니다. 몸이 힘들고 지치면 부정적인 감정으로 연결되기 쉬워요. 가사노동을 잠시 멈추고 쉬어도 괜찮습니다. 구매가 가능한 것이나 기계로 대체할 수 있는 일들은 모두 대체하고 가사노동을 과감하게 줄여 보세요. 그리고 내 마음이 행복할 수 있는 일에 집중하는 '사소한 사치'를 즐겨보세요. 내가 행복하면 누가 제일 긍정적인 영향을 받게 될까요? 바로 가족입니다. 가족이 서로의 마음을 알아주고 응원하는 '대체 불가한 존재'로 살아가기를 권합니다.

궁금해요? ♡ 내 감정, 내 기분, 내 느낌

마음은 감정, 기분, 느낌으로 연결되어 늘 움직입니다. 민감하게 반응하기도 하고 무딘 척 외면하기도 하고, 마음이 방향을 잃으면 시간을 헛되게 보내기도 하고 관계를 잘 유지하지 못하기도 한답니다. 어떤 때는 마음이 부풀어 오르고 어떤 때는 마음이 쪼그라듭니다. 내 마음이 지금 어떤지 잘 알아차리는 것은 중요합니다.

내 감정을 살피기 위해 먼저 내 몸의 변화를 살펴봅니다. 내 몸이 지금 날아갈 듯이 가볍다고 하는지, 몸을 움직이고 싶은지, 손발이 오글거린다고 하는지, 미소가 번지고 있는지, 동작이 빨라지는지, 숨이 가쁜지, 눕고 싶은지, 뒤통수가 쭈뼛거린다고 하는지, 심장이 쿵쾅거리는지, 환호를 지르고 싶은지, 주먹을 불끈 쥐는지 등을 알아차리고 말로 표현해 보세요.

내 기분과 느낌은 감정과 연결되어 쉽게 영향을 받습니다. 감정을 곧바로 표현하지 않고 계속해서 억누르는 경우 결국은 거칠게 터져서 표현되기 마련입니다. 우리는 부모로부터 먼저 경험했던 여러 감정 중에 불안, 공포, 두려움의 감정에 휩쓸리기를 싫어합니다. 나에게 가족은 소중한 사람인가, 중요한 사람인가를 생각하면서 마음의 변화에 집중해 보세요. 사실 덜 소중해지고 있는데 중요하다고 느끼면 마음에서 불안이 움직일 거예요. 서로를 소중하게 여기는 마음이 매우 중요합니다.

… 상대에게 정성을 담아서 표현하는 말 습관을 갖고 계십니까?
… 나는 소중한 약속과 중요한 약속 중 어디에 더 비중을 두나요?
… 기쁨으로 들뜬 가족에게 더 귀 기울여 함께 즐거워합니까?
… 괴로움을 호소하는 가족에게 도움의 손길을 내밀고 있습니까?
… 가족과 함께 평화롭고 안정적인 상태란 어떤 상태입니까?
… 가족이라서 편리하고 안전하게 느낀 경험은 무엇인가요?

'축하해'라는 표현보다 '축복해'라는 표현이 더 좋습니다. 어떤 좋은 결과에 대한 축하와는 다르게 축복은 그동안의 과정과 앞으로의 과정에 대해서도 마음으로 축하를 표현하는 것이기 때문입니다.

▶ '~ 때문에'와 '~덕분에'를 구별해서 사용하세요

'~ 때문에'는 부정적으로 표현하는 경우 '~덕분에'는 긍정적으로 표현하는데 적절합니다. 예를 들면 '너 때문이잖아', '그것 때문에 망친 거야'는 부정적인 경우이고 '네 덕분에 정말 다행이야', '동생 덕분에 찾았어요'는 긍정적인 표현입니다.

궁금해요? ♡ 감정(마음)표현도 배우면 더 잘할 수 있어요

감정은 마음의 표현입니다. 기분이 좋고 행복한 경험을 많이 하면 긍정적인 표현이 자연스럽고 익숙하듯이 불편하고 화나는 상황에 대한 경험은 부정적인 표현에 익숙하게 합니다. 희노애락(喜怒哀樂)의 감정은 누구에게나 언제든 자연스러운 것이지만, 타인에게 어떻게 표현할 것인지는 훈련에 따라 차이가 있습니다. 즉 감정을 표현하는 어휘를 사용하여 감정을 표현하는 훈련이 필요합니다.

※ 긍정적인 감정을 표현하는 어휘들

기쁘다	반갑다	흐뭇하다	사랑스럽다
자랑스럽다	눈물겹다	짜릿하다	포근하다
후련하다	감격스럽다	편안하다	든든하다
만족하다	근사하다	상쾌하다	아늑하다
기분 좋다	황홀하다	즐겁다	재미있다
뿌듯하다	평화롭다	뭉클하다	시원하다
통쾌하다	멋있다	위안되다	믿음직하다
신바람나다	행복하다	싱그럽다	평온하다

출처: KACE 부모리더십센터 부모·자녀의 대화법 P.95

기분 좋은 감정을 표현할 때에도 상대에게 잘 전달하려면 어떤 말 덕분에 기분이 좋다든지, 어떤 행동 덕분에 기분이 좋다라고 구체적으로 표현하면 좋습니다. 긍정적인 표현이라도 아래의 문장 사례처럼 정서적으로 안정되고 긍정적인 감정 단어를 넣어서 상대에게 '나 전달법'으로 말하면 더 잘 이해하게 됩니다.

- 먼저 전화로 귀가 시간을 알려주니 안심되고 고맙다.
- 미리 부탁하지 않아도 내 몫까지 챙겨줘서 감격스럽다.
- 싸우지 않고 잘 놀고 있는 모습을 보니 흐뭇하고 자랑스럽다.
- 식사 준비를 도와주니까 기분이 좋고 행복하다.
- 먼저 사과해 줘서 고맙고 마음이 뭉클하다.
- 물건을 거실에 두지 않고 자기 방으로 가져가니까 정리가 돼서 좋다.
- 먼저 어떻게 도와주면 되냐고 물어보니까 든든하고 위안이 된다.

이러한 '나 전달법'은 상대의 행동을 평가하지 않고 즉 상대의 말이나 행동을 객관적으로 표현하고 그 말이나 행동이 나에게 어떤 감정과 느낌을 주었는지를 연결해서 표현하는 방법입니다. 똑똑하다거나 착하다, 나쁘다는 말은 평가하는 말입니다.

- 상대의 말 + 나의 감정이나 생각, 느낌
- 예) '저리 가'라고 하니까 나를 귀찮은 존재로 생각하는 것 같아 너무 슬프다.
- 상대의 행동 + 나의 감정이나 생각, 느낌
- 예) 입을 삐쭉거리고 못 들은 척하니까 섭섭하고 매우 신경이 쓰이네.

궁금해요? ♡ 나는 몇 살까지 살까요?

옛날에는 인간의 수명이 60세까지 사는 경우가 매우 드물어서 회갑 잔치를 했지만, 사람이 출생해서 노후의 과정을 거쳐 사망에 이르기까지의 인생주기(life cycle)가 평균수명 100세 시대가 되고 있습니다. 수명이 짧았던 시절에는 종족 번식을 위해 빨리 결혼했고, 결혼하면 당연하게 자녀를 낳고 부모가 되었으며 자녀를 양육하고 가르쳐서 결혼시켜는 것이야말로 부모가 해야 할 일로 인식되었습니다. 그래서 일상의 삶을 누리지 못하고 매우 바쁘게 살아내야만 했습니다.

지금은 수술과 시술이 발달하여 인공관절을 삽입하거나 인공심장판막 등을 삽입할 정도로 의료과학이 발달했습니다. 앞으로는 AI와 과학의 발달로 인공 신체 장기를 제작하여 바디 임플런트하고, 생명공학의 발달로 노화를 늦출 뿐 아니라 유전자를 디자인하여 120~150세까지 살게 된다는 자료들이 많습니다.

코로나 19로 비대면이 일상이 되어 학교 교육조차 온라인교육이 되었습니다. 처음에는 EBS 교육을 비롯하여 선생님이 녹화한 내용을 온라인학습하는 교육이 있었지만, 이제는 쌍방향적인 라이브교육이 자연스럽게 확장되었고 이러한 비대면 교육의 편리성을 알아차렸습니다. 교회나 대학도 라이브로 소통하니 집에서 가까운 곳이 아니라 온라인 공간이 매력적인 곳, 또는 유명한 곳을 선택하기도 합니다.

앞으로는 어떻게 더 진화할까요? 학자들은 아바타가 가상 교실에 출석해서 다른 친구의 아바타와 악수하고 교류하며 학습한다고 전망합니다. 그래서 가상공간 디자이너도 생기고, 아바타가 나를 대신해서 예쁘고 멋지게 등교하니 가상공간 디자이너와 아바타 디자이너는 유망한 미래직업입니다.

현재도 4차 산업혁명으로 AI 로봇이 사람의 일자리를 대신하지만, AI 로봇을 관리하는 사람, 빅데이터를 잘 다루는 사람, AI 과학자 등 사람이 해야 할 일도 보편적인 일에서 다양한 일로 변화합니다. 고령화 사회에서는 전문 간호사, 요양보호사, 간병인, 노인케어 및 생애마감 관리사, 심리상담 및 치료사 등 사회복지 관리자의 수요도 늘고, 애완동물과 관련하여 수의사는 물론 수의사 보조원도 늘어날 것입니다.

이렇게 오래 산다고 생각하면 무엇을 하면서 살고 싶은가요? 그렇다면 당연히 좋아하는 일을 많이 하게 되겠지요. 프로게이머의 경우 유명 운동선수보다 더 높은 연봉을 기록하고 있습니다. 게임을 하면서 접하는 가상공간, 증강현실이 더 창의적인 가상공간을 디자인하거나 개성 넘치는 아바타를 만드는 데 도움이 될 수 있습니다. 오래 사니까 해야 할 일에 매이지 않고 지금 내가 하고 싶고 좋아하는 일에 몰입해보는 것도 좋습니다.

궁금해요? ♡ 좋아하는 것과 잘하는 것은 다를 수 있어요

성공적인 삶을 산다는 것은 당신에게 어떤 의미입니까? 좋아하는 일을 할 때는 며칠 밤도 샐 수 있으니 좋아하는 일을 즐겁게 할 수 있는 삶을 살아가기 위한 진로 준비가 중요해지고 있습니다. 자신의 진로를 선택하는 데 있어 좋아하는 것과 잘하는 것을 아는 자기 탐색의 과정은 매우 중요합니다.

내 주변 사람 중에서 좋아하는 일에 푹 빠져서 행복하게 살아가는 사람이 있나요? 다른 사람들이 어려워하는 일을 쉽게 해내고 잘하는 사람이 있나요? 그렇다면 나는 어린 시절부터 무엇에 관심을 가졌었는지, 어떤 걸 잘 해냈는지 돌아보면서 인생의 긴 여정에서 언제 어떠한 변화를 만나고 적응하게 될지 생각해보는 것도 필요합니다.

… 우리는 모두가 자신이 원하는 일에서 성공할 수 있습니까?
… 존재로서의 내 가치가 직업에 의해 평가되어야 할까요?
… 공부와 대학진학이 자신의 진로를 개척하는 가장 좋은 방법입니까?
… 불확실한 미래를 별 탈 없이 살아가려면 어떻게 해야 할까요?

사람마다 다른 잠재능력과 개성을 가지고 있습니다. 모두가 귀하고 소중한 존재입니다. 현실을 객관적으로 있는 그대로 받아들이되 먼저 자신을 사랑하세요.

- … 어떤 것에 마음이 끌리고 어떤 일을 잘 수행했나요?
- … 친구들과의 관계 맺음에서 능동적인가요? 수동적인가요?
- … 어떠한 신념을 가지고 행동하고 판단합니까?
- … 영화, 음악, 게임, 독서를 할 때 특히 어떤 쪽에 관심이 많은가요?
- … 자기의 생각과 감정을 잘 알아차리고 조절할 수 있는 편인가요?
- … 생명체와 자연에 관심이 어느 정도 많습니까?
- … 평소에 몸을 움직이며 활동하기를 즐기십니까?

자신을 알아가기 위한 질문을 던지고 내가 잘 할 수 있는 강점에 집중하면서 스스로 탐색해 보세요. 자신이 진정 원하는 것이 무엇인지 고민하세요. 다른 사람과 나를 비교하지 말고, 자신의 관심이나 잠재능력에 집중하세요. 먼저 자신의 존재에 의미를 생각하고 돈, 권력, 명예를 선택할 것인지, 정신적인 만족과 즐거움을 선택할 것인지 스스로 가치있는 일에 몰입하는 삶을 산다면 행복해질 수 있을 것입니다.

- … 이제 당신에게 주어진 시간이 1년이라면 어떤 선택을 하겠습니까?
- … 이제 당신에게 주어진 시간이 한 달이라면 어떤 선택을 하겠습니까?
- … 이제 당신에게 주어진 시간이 일주일이라면 어떤 선택을 하겠습니까?
- … 이제 당신에게 주어진 시간이 하루라면 어떤 선택을 하겠습니까?

궁금해요 ♡ 듣는 척 그만

대화에서 경청이 중요하다고 알고 있지만 들은 내용을 기억하지 못한다면 그것은 듣는 척 한 것입니다. 자녀나 상대의 이야기를 듣고 기억하지 않는 습관은 관계를 망칩니다. 즉시 메모하거나 '내가 이렇게 들었는데, 잘 들은 게 맞아?'라고 확인하며 듣는 습관이 필요합니다. 경청에 있어서 대화 내용에 대한 기억은 필수입니다.

대화에서 듣기의 수준은 5가지입니다. 전혀 듣지 않고 무시한다, 듣는 시늉만 한다, 관심 있는 부분만 선택적으로 듣는다, 상대방의 이야기에 집중하여 빠뜨리지 않고 경청한다, 상대방의 의도를 귀는 물론 마음으로 들으면서 공감적으로 경청한다. 당신의 듣기 수준은 어떤 단계에서 자주 머뭅니까?

부모가 자녀의 말을 경청하면 자녀는 자신이 인정(이해)받고 존중받고 있다고 느껴서 심리적 만족을 느낍니다. 공감이란 잠시나마 상대의 입장에 서는 것입니다. 상대가 이야기할 때 말하는 내용뿐 아니라 무엇을 생각하고 어떻게 느끼고 있는지를 이해하려고 하는 것입니다. 대화에는 많은 감정이 드러납니다. 경청하면 상대가 자신의 느낌을 후련하게 털어놓아서 힐링에 도움 됩니다. 그리고 상대가 경청했듯이 자신도 경청할 수 있고, 자신의 부정적인 감정이나 느낌을 표현하고 수용 받으면 관계가 돈독해지고 덜 두려워합니다.

Part 2. 나는요 ♡

- ♡ 자신의 모습 - 40
- ♡ 난 토요일에 태어났어요 - 44
- ♡ 어린 시절은 - 46
- ♡ 그때 내 별명들은 - 48
- ♡ 기쁨이 달려온 날 - 50
- ♡ 눈물을 펑펑 쏟았던 기억 - 52
- ♡ 나 자신을 위하여 - 54
- ♡ 정말 좋아해 - 56
- ♡ 마음속 보석을 찾는 시간 - 58
- ♡ 키우고 싶은 성장 미덕 - 62
- ♡ 반짝이는 나의 보석 - 64

나는요♡ 자신의모습

우리는 중요한 날이 되면 소중한 순간을 기념하는 사진을 찍은 경험이 있습니다. 예를 들면 세상에 태어나자마자 병원에서 아기 사진을 찍습니다. 대부분은 언제 보아도 미소가 퍼지는 행복하고 좋았던 순간을 기념하는 사진이 많습니다. 그 소중한 사진을 어디에 보관하나요? 그리고 언제 펼쳐보나요? 사진 속에는 여러 감정이 함께 저장되어 있습니다. 내가 다 기억하지 못한 부분들을 사진을 보면서 다시 이야기하고 기억하기도 합니다. 어린 시절의 사진부터 성장하는 과정의 사진을 살펴보면 내가 어떤 환경에서 지내고, 무슨 놀이를 좋아하고 무엇에 관심이 많았는지도 자연스럽게 알 수 있습니다. 과거를 지나 오늘을 만나듯 오늘이 미래로 연결됩니다.

어떤 일을 잘하려고 하면 먼저 자기 이해의 과정을 거칩니다. 자신을 있는 그대로 잘 이해하고 인정하면 다른 사람도 잘 이해하고 수용할 수 있습니다. 가족의 구성원이기 이전에 그냥 '나'라는 존재로 자신을 바라보세요. 존재 그 자체로 나를 사랑하고 만족하면 나의 감정이 편안해지고 누구와도 당당하게 대화할 수 있습니다. 그런 다음에는 가족으로서 '나'를 긍정적인 태도로 바라보세요.

… 진짜 나는 어떤 사람일까?
… 어떤 존재 이유로 태어났을까?

… 내가 좋아하는 것은 뭐지?
… 내가 잘 할 수 있는 것은 무엇일까?
… 지금 내가 기억하는 것은 사실 그대로일까?
… 혹시 내가 멋대로 창작해버린 건 아닐까?

지금은 가정을 뛰어넘어 전 세계와 소통할 수 있는 세상이고, 내가 살아갈 무대가 국경을 넘어 지구와 우주가 되므로 세계시민의 역량을 준비하는 시기입니다. 누구나 어린 시절이 있었기에 누구와 사진 한 장이 공통의 화제가 되어 대화할 수 있습니다. 공통의 화제는 소통에서 매우 중요합니다.

이제, 그 시절 추억의 사진을 보거나 이야기를 나누어 볼게요. 자신을 있는 그대로 바라보세요. 존재 자체로 괜찮은 나를 이해하면 당연히 친구나 가족과의 관계를 더 긍정적으로 바라볼 수 있을 것입니다.

이 책의 여백 공간에 자신에 대해 메모하고 스케치한 흔적들이 나중에까지 여러분에게 귀한 추억과 이야기를 함께 저장해 드릴 것입니다.

42 굿럭! 뉴트로 데이트

나는요♡ 자신의 모습을 그려보세요

나는요 ♡ 토요일에 태어났어요.

질문과 관련해서 대화하고 옆 페이지에 자유롭게 표현해 보세요.

난 언제 태어났나요? 양력음력 변환 검색하세요.
생년월일을 검색하니 무슨 요일인가요?
내가 태어났을 때의 장소는 어디인가요?
엄마 뱃속에서 잘 지냈나요?
자연분만이었나요?
어떤 태몽을 누가 꾸었나요?
나의 태명은?
그때 부모님의 나이는?
내가 태어날 때 누가 제일 먼저 나를 환영해 주었나요?

한해 한해 어른이 되어가면서 나에 관한 이야기는 마음에 보물상자입니다.
나의 어린 시절 보물상자의 뚜껑을 열고 이야기를 나눌 때면 미소가 지어지니까요~

나는요 ♡ 토요일에 태어났어요.

대화 후 미션: 서로에게 이야기합니다.
"너를 알게 되어서 기뻐. 더 가까워진 느낌이야. 앞으로 너를 더 잘 이해할 수 있을 것 같아"

나는요 ♡ 어린 시절은

질문과 관련해서 대화하고 옆 페이지에 자유롭게 표현해 보세요.

모유 수유와 이유식에 대해 궁금해요.
돌잔치에 무엇을 잡았나요?
나는 밤에 잘 잤나요?
언제까지 부모님과 함께 잤나요?
어떤 동요와 동화책을 좋아했나요?
생일에는 어떻게 보냈나요?
내가 좋아하고 잘 먹었던 것은?

사진으로 기억하거나 이야기로 기억하고 있는 어린 시절의 기억을 떠올려요.
젖병을 물고 자는 모습, 보행기에 앉아서 발걸음을 내딛는 모습, 장난감 놀이에 푹 빠져서 놀고 있는 모습, 생일에 찍은 사진 등을 보면서 이야기 나눌 수 있습니다.

나는요 ♡ 어린 시절은

대화 후 미션: 서로에게 이야기합니다.

"너를 알게 되어서 기뻐. 더 가까워진 느낌이야. 앞으로 너를 더 잘 이해할 수 있을 것 같아"

나는요 ♡ 그때 내 별명들은

질문과 관련해서 대화하고 옆 페이지에 자유롭게 표현해 보세요.

나는 어떤 별명을 가졌었나요?
나는 어느 어린이집, 문화센터, 유치원, 학교에 다녔나요?
그때 내 별명은?
초등학교, 중학교, 고등학교 때 기억나는 담임선생님은?
그때 기억나는 내 별명과 친구 별명은?
이성 친구가 나를 부르던 별칭은?

문화센터나 유치원 다닐 때의 어린 나는 어떤 모습인가요?
학교에서 친구들과 어울려서 찍은 사진 속의 나는 무엇을 하고 있나요?
그때 그 친구들과 지금도 연락하고 있나요? 그 시절 자주 하던 놀이도 떠올려보세요.

나는요 ♡ 그때 내 별명들은

대화 후 미션: 서로에게 이야기합니다.
"너를 알게 되어서 기뻐. 더 가까워진 느낌이야. 앞으로 너를 더 잘 이해할 수 있을 것 같아"

나는요 ♡ 기쁨이 달려온 날

질문과 관련해서 대화하고 옆 페이지에 자유롭게 표현해 보세요.

언제 집으로 친구를 데리고 왔나요?
무엇을 배우고 싶어 했고, 어떤 것을 제일 흥미롭게 배웠나요?
무엇이든 경연대회에서 성과를 낸 적이 있나요?
누군가를 감동하게 만든 경험은 무엇인가요?
놀이터(놀이동산)에서 어떤 기구를 신나게 즐겼나요?
내가 변화를 만들어 낸 경험은 무엇인가요?

사진 속의 나는 어떤 색 옷을 입고 있나요? 어떤 표정입니까? 몇 번째 생일인가요?
누구와 언제 어디로 놀러 갔나요? 무슨 이유로 행복해 보이나요?

나는요 ♡ 기쁨이 달려온 날

대화 후 미션: '그랬구나!', '잘하고 싶었구나!', '정말 짜릿했을 거 같아', '잘하려고 애썼네' 등의 인정하는 표현, '와~부럽다', '정말 탁월했네', '어떻게 하면 그렇게 탁월하게 할 수 있어?' 등의 칭찬하는 표현을 해주세요.

나는요 ♡ 눈물을 펑펑 쏟았던 기억

질문과 관련해서 대화하고 옆 페이지에 자유롭게 표현해 보세요.

낯선 장소에서 보호자(엄마, 아빠, 가족, 선생님)를 잃어버려서 울었던 적은?

갖고 싶은 장난감을 사달라고 조르고 떼쓴 적이 언제인가요?

어떤 일로 친구나 형제와 다투고 이르면서 투덜거렸나요?

어떤 걸 좋아하고 싫어해서 편식했는지 궁금해요?

부주의로 내 몸을 많이 다치거나 사고가 났던 적이 있나요?

어떤 일로 트라우마가 생겼나요?

놀라고 슬프고 힘들었던 일들은 특히 오래도록 기억되기도 하지요.

혹시라도 불쾌한 감정이 아직도 남아있다면 풀고 지내도록 기회를 만들어보세요.

나는요 ♡ 눈물을 펑펑 쏟았던 기억

대화 후 미션: '얘기를 들으니 나도 슬프다', '많이 억울했겠네' 등으로 공감을 표현해 주세요. '그럴 때 네 마음은 어땠어?', '그 일로 새롭게 배우거나 알게 된 점은 무엇일까요?' 등의 질문으로 성찰과 배움의 순간을 만나게 도와주세요.

나는요 ♡ 나 자신을 위하여

질문과 관련해서 대화하고 옆 페이지에 자유롭게 표현해 보세요.

당신의 장래 희망 변천사는 어떠한가요?

'이건 내 것이야'라고 소중하게 여겼던 보물은 무엇인가요?

당신은 어디에서 어떤 집에서 살고 싶은가요?

스스로 목표를 세우고 도전해서 이루어 낸 것은 무엇인가요?

닮아가고 싶은 사람, 나의 롤모델은 어떤 사람인가요?

내가 가장 정직했던 기억은 언제, 어떤 일이었나요?

정말 즐겁고 신나게 배웠던 것은 무엇인가요?

갈등이나 문제 상황을 잘 해결했던 경험이 있다면 무엇인가요?

미래를 위해 현재를 사느라고 지치는 날이 있습니다.

가끔은 지나온 시간과 추억을 돌아보며 나를 더 깊이 이해하는 시간도 필요합니다.

나는요 ♡ 나 자신을 위하여

나는요 ♡ 정말 좋아해

질문과 관련해서 대화하고 옆 페이지에 자유롭게 표현해 보세요.

요즘 가장 좋아하는 색깔은?
요즘 가장 좋아하는 스포츠(음악, 영화)는?
제일 맛있게 먹고, 먹으면 힐링되는 음식은?
무엇을 할 때 가장 오랫동안 집중했나요?
정말 기다리고 기대했던 일이 있다면 어떤 일인가요?

잠시 눈을 감고 명상을 위한 호흡을 해봅시다.
내가 좋아하는 것과 즐거웠던 경험을 떠올리면 행복할 거예요.

나는요 ♡ 정말 좋아해

나는요 ♡ 마음속 보석을 찾는 시간

천사를 깨우는 버츄(virtues) 52가지 미덕을 통해 내 마음속 보석을 찾는 방법으로 버츄카드뽑기는 개인적으로 성찰의 시간을 이용해 미덕의 보석을 연마할 수 있는 활동입니다.

첫째, 질문 생각하기
"오늘은 나에게 어떤 미덕(보석)이 필요할까?" 혹은 "당면한 문제를 해결하는 데 어떤 미덕(보석)의 도움을 받아야 할까?"와 같은 질문을 떠올립니다.

둘째, 음미하기
눈을 지그시 감은 채 카드를 한 장 뽑습니다. 카드 내용을 조용히 낭송합니다. 그 미덕(보석)이 당신이 던진 질문에 어떤 말을 건네는지 경청합니다.

셋째, 실천하기
자신이 뽑은 미덕을 통해 얻은 영감이나 확신을 실천에 옮깁니다.

버츄카드는 52개 미덕의 내용, 연마방법, 개인적인 다짐을 간결한 문장 속에 담고 있어 누구나 쉽고 재미있게 활용할 수 있는 미덕연마 도구입니다.

나는요 ♡ 마음속 보석을 찾는 시간

버츄(virtues) 미덕의 보석들

감사. 배려. 유연성. 창의성. 봉사. 결의

이해. 청결. 이상품기. 책임감. 겸손. 사랑

근면. 상냥함. 관용. 사려. 인내. 초연

인정. 충직. 기뻐함. 기지. 신뢰. 절도

소신. 자율. 친절. 열정. 정의로움. 한결같음

탁월함. 끈기. 신용. 정돈. 평온함. 너그러움

도움. 예의. 정직. 헌신. 명예. 용기

존중. 협동. 목적의식. 용서. 중용. 믿음직함

화합. 우의. 진실함. 확신

한국버츄프로젝트
VIRTUES PROJECT KOREA

나는요 ♡ 마음속 보석을 찾는 시간

감사(感謝): 감사는 우리가 가진 것을 고맙게 여기는 마음과 태도입니다. 당신 주변과 마음속에 매일 일어나는 작은 일과 매일 누리고 있는 축복을 세어보고 감사할 수 있습니다.(한국버츄프로젝트)

나는요 ♡ 마음속 보석을 찾는 시간

관용(寬容): 관용은 차이를 있는 그대로 받아들이는 것으로 자신의 기대에 어긋나는 일이 일어나도 그를 너그럽게 받아들이거나 용서하는 것입니다. 편견에서 벗어나 모든 사람의 개성을 다름으로 존중해 주세요.(한국 버츄프로젝트)

나는요 ♡ 키우고 싶은 성장 미덕

중용(中庸): 중용은 지나치거나 모자람이 없고 한쪽으로 치우치지도 않으며 떳떳하며 변함이 없는 상태나 정도를 뜻합니다. 우리의 삶에서 일과 놀이, 휴식과 운동, 정신적 삶과 물질적 삶 중에 한쪽으로 쏠리지 않고 자신의 삶과 시간을 균형 있게 관리하는 것입니다.(한국버츄프로젝트)

나는요 ♡ 키우고 싶은 성장 미덕

정의로움(Justice): 정의롭다는 것은 누구든지 온전한 인격체로 공정하고 공평하게 대우하는 것입니다. 험담을 멀리하고 당신과 다른 사람의 권리를 보호하세요. 당신이 잘못을 저지르면 즉시 사과하고 용서를 구하세요.(한국 버츄프로젝트)

나는요 ♡ 반짝이는 나의 보석

예의(禮儀): 예의는 존경의 뜻을 표하기 위하여 예로써 나타내는 말투나 몸가짐을 뜻합니다. 상대방이 소중한 존재임을 느끼도록 말과 행동 즉 몸가짐을 공손하게 하고 존중하는 태도를 하는 것입니다.(한국 버츄프로젝트)

나는요? ♡ 반짝이는 나의 보석

정직(Honesty): 정직은 마음에 거짓이나 꾸밈이 없이 바르고 곧음을 뜻합니다. 스스로 지킬 수 있는 것만 약속하고, 진지하고 진실한 태도를 하는 것은 신뢰를 쌓는 것입니다. 진실을 말하되 친절하고 슬기롭게 표현하세요.(한국 버츄프로젝트)

Part 3. 우리 가족 이야기

♡ 가족은 어떤 대화를 해야 하나요? - 69
♡ 만남 이야기 - 72
♡ 엄마와 아빠의 데이트 - 74
♡ 매력과 장점 - 76
♡ 결혼 이야기 - 78
♡ 부모됨의 순간 - 80
♡ 우선순위 - 82
♡ 앨범 속 이야기 - 84
♡ 버킷리스트 이야기 - 86

우리 가족 이야기 ♡ 가족은 어떤 대화를 해야 하나요?

부모들은 자녀를 정성스럽게 키우면서도 늘 더 좋은 것을 해주고 싶다고 말합니다. 그것이 세상 모든 부모의 마음입니다. 그리고 자녀로부터 '아빠(엄마)가 내 아빠(엄마)라서 정말 좋아요'라는 말을 듣게 될 순간의 뿌듯한 마음을 상상하면서 매 순간을 극복합니다. 아이들 덕분에 웃고 울면서 부모도 성장합니다.

4차 산업혁명 시대 미래형 인재가 갖추어야 할 역량에 대해 로베르타 골린코프(Roberta M. Golinkoff)와 캐시 허시-파섹(Kathy Hirsh-Pasek, Ph.D)교수는 6C, 즉 콘텐츠(Content), 의사소통(Communication), 협력(Collaboration), 자신감(Confidence), 비판적 사고(Critical Thinking), 창의적 혁신(Creative Innovation)을 말합니다. 세상의 빠른 변화에 걸맞게 우리의 의사소통 능력도 좋아지고 있습니까?

가족은 '우리'가 되어서 서로 관계하고 소통하는 첫 공동체입니다. 가족 내에서의 자연스럽고 편안한 의사소통은 가족 간의 협력에도 도움을 줍니다. 가족의 의사소통 패턴은 다른 공동체에서 건강한 개인으로 어울리고 의미 있는 인간관계에 참여하는데에도 영향을 끼칩니다. 열린 마음일 때는 긍정적으로 들리던 말이 걱정이나 두려움으로 마음이 닫히면 중립적인 말조차도 시비를 거는 말로 들릴 수 있습니다. 가족 구성원과 긍정적인 관계를 맺고 있는 경우에는 위기나 갈등 상황에서 가족으로부터 지지와 지원을 받아 심리적 회복탄력성을 발휘하는 데 도움이 되었습니다.

애완동물도 가족에 포함하는 요즈음입니다. 집에 들어서자마자 애완동물과 밝은 목소리로 편안하게 대화하고 스킨십하는데, 혈족관계인 가족과는 대화와 스킨십이 불편하다면 그 이유가 무엇입니까? 사실 가족 구성원 간의 감정은 목소리와 태도에 고스란히 드러납니다. 생각해보세요. 가족 구성원 간의 감정은 어떤 기대 때문에 생긴 것일까요? 또 그 기대 속에는 어떤 긍정적인 바람이 있었을까요? 분명히 긍정적이고 선(善)한 바람이었지만 표현이 서툴러서 서로에게 부정적으로 인식되면 불편한 감정으로 기억하곤 합니다.

… 가족은 서로를 잘 알고 있습니까?
… 가족이 내 친구보다 나를 잘 알고 있나요?
… 가족이라서 좋은 점은 무엇인가요?
… 당신은 가족에게 얼마나 관심을 가지고 계시나요?
… 왜(무슨 이유로) 가족에게 관심을 가지나요?
… 상대의 이야기를 듣고 있나요?
… 듣는 척하면서 내가 말할 순서를 기다리나요?
… 내가 말할 내용을 준비하고 있나요?

대화에서 '듣기'와 '말하기'의 순서는 매우 중요합니다. 대화를 잘한다는 것은 상대의 이야기를 잘 듣고, 그 이야기에 공감하는 반응을 해주는 여유를 가진 다음에 내 의견을 말하는 순서가 바람직합니다.

'말하기'와 '대화하기'는 다릅니다. 말은 혼자서 어디서든 할 수 있지만, 대화는 두 사람 이상이 탁구공을 바닥에 떨어뜨리지 않고 주고받듯이 서로의 말을 주고받는 것을 반복하는 것입니다. 이러한 대화 과정에서 서로의 말을 경청할 뿐 아니라 듣는 사람의 입장에 공감하는 반응을 하는 것이 당사자 간의 관계를 유지하거나 좋아지게 만들 수 있습니다.

공감을 표현할 때 주의할 점은 우선 듣는 사람의 표정과 태도가 대화 내용에 관심이 있음을 표현해야 합니다. 그리고 말하는 사람의 이야기 흐름에 방해되지 않도록 하면서 반응하는 것이 중요합니다. 예를 들면 '음', '오', '아~', '어머나', '그랬구나'처럼 간단한 단어로 짧게 추임새를 넣는 것이 좋습니다. '네가 잘못 들은 거 아니니?'처럼 문장으로 말하면 흐름이 끊어지면서 말하고자 했던 방향을 잃게 할 수 있어 방해됩니다.

진정한 경청은 상대의 말과 표정, 행동을 모두 알아차리며 듣는 것입니다. 가족이 함께 윷놀이한 경험을 떠올려보세요. 재미있게 놀이를 했다고 기억되는 이유는 가족 간의 사소한 표정과 행동을 놓치지 않으려고 집중하였고, 서로의 말을 경청하며 긍정적인 관심을 표현하여 의사소통이 잘 되었기 때문일 것입니다.

우리 가족 이야기 ♡ 만남 이야기

질문과 관련해서 대화하고 옆 페이지에 자유롭게 표현해 보세요.

엄마, 아빠의 첫 만남의 장소는 어디인가요?

엄마는 몇 살, 아빠는 몇 살에 처음 만났어요?

두 분은 어떻게 서로 만났어요?

서로에 대한 첫인상은 어땠나요?

나는 부모님이 몇 살일 때 태어났나요?

나는 어디(지역과 출생장소)에서 태어났나요?

부모님이 나를 처음 만났을 때는 기분이 어땠나요?

동생(또는 형, 언니, 누나, 오빠)은 부모님이 몇 살일 때 태어났나요?

부모는 잘 기억해서 쓰고, 자녀는 추측하여 써주세요.
그러면 서로에 대해 더 넓게 이야기 나눌 수 있어서 좋습니다.

우리 가족 이야기 ♡ 만남 이야기

우리 가족 이야기 ♡ 엄마와 아빠의 데이트

질문과 관련해서 대화하고 옆 페이지에 자유롭게 표현해 보세요.

그 당시 엄마와 아빠의 취미는?
두 분이 자주 데이트한 장소는 어디인가요?
그 당시 커피값, 교통비(버스, 지하철 등)는 얼마였나요?
데이트 비용은 얼마 정도 지출하고, 누가 관리했나요?
데이트하면서 여행했던 곳 중 기억에 남는 곳은?
그 당시 엄마와 아빠는 어떤 일을 하고 있었나요?
첫 만남에서 무슨 이야기를 나누었는지 기억하나요?

자녀의 이성교제에 대해 이야기 나누기 전에 부모가 연애했던 이야기를 들려주세요.
자연스럽게 서로의 이야기를 나눌 수 있을 겁니다.

우리 가족 이야기 ♡ 엄마와 아빠의 데이트

우리 가족 이야기 ♡ 매력과 장점

질문과 관련해서 대화하고 옆 페이지에 자유롭게 표현해 보세요.

엄마가 본 아빠의 매력과 장점은?
아빠가 본 엄마의 매력과 장점은?
자녀가 본 부모의 매력과 장점은?
나 자신의 매력과 장점은?
결혼하게 된다면 배우자 결정을 위한 나의 기준은?
미래세상에서 좋은 부모가 되려면 어떤 점이 필요할까요?

오래전 서로의 매력과 지금의 매력이 일치할까요?
장점으로 여겼던 이유를 구체적으로 말해주세요.

우리 가족 이야기 ♡ 매력과 장점

우리 가족 이야기 ♡ 결혼 이야기

질문과 관련해서 대화하고 옆 페이지에 자유롭게 표현해 보세요.

언제 결혼하셨나요? (결혼기념일은?)
누가 어디서 프로포즈 했나요?
어떻게 약혼(또는 언약식)했나요?
프로포즈 할 때 기억나는 명대사
혹은 명장면은 무엇입니까?
결혼을 위해 엄마와 아빠가
준비한 것은 무엇인가요?

결혼앨범, 지금 어디에 보관하고 있습니까? 결혼앨범을 펼치고 예쁘고 멋진 모습을 보면서 그날 그 순간에 대해 생각해보세요.

우리 가족 이야기 ♡ 결혼 이야기

우리 가족 이야기 ♡ 부모됨의 순간

질문과 관련해서 대화하고 옆 페이지에 자유롭게 표현해 보세요.

어떤 부모가 되려고 하셨나요?

자녀가 태어나고 부모가 되었던 때는 언제입니까?

그때는 어디에 살면서 어떤 기분으로 자녀의 출생을 기다렸나요?

자녀가 태어난 곳은 어디입니까?

자녀가 출생하고 제일 먼저 만난 사람과 경험은 무엇입니까?

부모가 되기 위해 계획 임신과 계획출산을 하셨나요?

부모가 되기 위한 노력과 부모가 되고 난 후의 에피소드를 서로 나누어주세요.

우리 가족 이야기 ♡ 부모됨의 순간

우리 가족 이야기 ♡ 우선순위

질문과 관련해서 대화하고 옆 페이지에 자유롭게 표현해 보세요.

지금 당신이 중요하게 생각하는 것은 무엇인가요?
어떤 일이 더 중요하고 덜 중요한가요?
지금 당신이 급하게 처리해야 할 일은 무엇인가요?
당신이 처리해야 할 일 중에서
급한 일과 덜 급한 일을 생각한다면?

자기관리를 위한 기준으로 우선순위를 생각합니다. 우선순위는 옳고 그름의 문제가 아닙니다. 그래서 사람마다 우선순위를 다르게 정하기도 합니다. 대화를 통해 서로의 우선순위를 인정할 수 있기를 기대합니다.

우리 가족 이야기 ♡ 우선순위

우리 가족 이야기 ♡ 앨범 속 이야기

질문과 관련해서 대화하고 옆 페이지에 자유롭게 표현해 보세요.

우리 가족은 다 함께 배를 타본 경험이 있나요?
우리는 몇 살까지 함께 목욕하거나 물놀이를 했나요?
우리가 직접 키운 애완동물이나 애완 생물을 기억하나요?
가족 여행을 언제 어디로 많이 다녔나요?

우리 가족은 앨범을 몇 권 만들었나요? 내가 즐거워했던 경험과 우리 가족이 기뻐했던 순간이 휴대전화 사진 폴더와 앨범 속에 있습니다. 앨범 속 사건에 관해 행복한 대화의 시간을 누리길 기대합니다.

우리 가족 이야기 ♡ 앨범 속 이야기

우리 가족 이야기 ♡ 버킷리스트 이야기

질문과 관련해서 대화하고 옆 페이지에 자유롭게 표현해 보세요.

우리 가족의 버킷리스트를 만든다면?
그리고 나의 버킷리스트는?
이미 달성한 버킷리스트는 무엇인가요?

버킷리스트는 죽기 전에 꼭 해야 할 일이나 하고 싶은 일들에 대해 적는 것입니다.
가족과 함께하고 싶은 것도 있고 나 혼자 하고 싶은 것도 있을 게예요.

우리 가족 이야기 ♡ 버킷리스트 이야기

Part 4. 그랬구나!

♡ 자녀의 성장에 따른 부모의 역할 - 90
♡ 부모의 이혼을 어떻게 말할까요 - 93
♡ 부모가 하지 말아야 할 것 - 94
♡ 자녀가 싸우고 이를 때 힘들어요 - 96
♡ 약속을 안 지켜요 - 100
♡ 게임만 좋아하고 공부는 싫어해요 - 102
♡ 알파세대와 Z세대 자녀의 사춘기 - 104
♡ 생리대와 콘돔 이야기 - 108
♡ 우리 가족의 인권 이야기 - 110

부록1. 세계인권선언 전문 - 112
부록2. 유엔아동권리협약 전문 - 114

그랬구나! ♡ 자녀의 성장에 따른 부모의 역할

1. 3~7세 유아기 자녀에게 부모는 양육자, 교육자의 역할

유아기 자녀의 부모는 양육자, 훈육자의 역할을 합니다. 이 시기는 자아 존중감과 긍정적인 자아개념이 형성되는 시기라서 '내가 할래' 하면서 스스로 해보겠다는 주도성을 보입니다. 따라서 안전한 환경을 제공하여 주도적으로 놀이하고 탐색하도록 지원해야 합니다. 이 시기는 부모와 가족의 온정적인 태도를 통해 긍정적인 심리발달을 이루는 때이므로 부모의 일관된 양육 태도가 중요하며 정서적이고 지지적인 가족 분위기를 만들어야 합니다. 유아는 스스로 학습할 수 있는 능력이 발달하여 자기주장이 강하게 나타나며 매우 일관성 없는 행동을 하므로 훈육하여 옳고 그름을 가르치는 것이 매우 중요합니다. 또한 자율성과 주도성 못지않게 자신의 행동에 책임지는 것과 식사 훈련과 배변훈련, 수면 습관 등 기본 생활과 바람직한 습관 형성이 필요합니다. 따라서 부모는 권위를 가져야 하며 부모 스스로 모범을 보임으로써 사회적 행동의 모델링을 제공해야 합니다.

2. 8~13세 아동기 자녀에게 부모는 격려자의 역할

학령기 아동의 부모는 격려자, 훈육자, 근면성 발달의 조력자, 긍정적 자아개념 형성의 조력자 및 학습 경험 제공자의 역할을 합니다. 이 시기는 자녀가 혼자서 잘 할 수 있는 부분과 자기 주도적으로 마무리하는 부분이 모두 완벽할 수 없는 때이므로 부모가 지켜보면서 격려하는 역할을 해야 합니다. 제한된 큰 울타리 속에서 자유롭게 하는 훈련이 필요합니다.

학교는 즐거운 곳이기도 하지만 또래와의 접촉과 더불어 신체발달, 생활 습관, 학습 등 또래로부터 평가를 받기 때문에 불안이 증가할 수 있는 장소이기도 합니다. 이때 부모는 자녀의 성장 발달적 특성을 이해하고, 건강한 인성을 가지도록 아동에게 희망과 용기를 줄 수 있는 부모가 되어야 합니다. 또한, 아동의 사회화 과정에서 훈육자의 역할과 아동이 적절한 수준의 과제를 성취하고 자신의 능력을 개발할 수 있도록 학습환경을 제공하며, 근면성을 발달시키고 긍정적인 자아개념을 형성할 수 있도록 조력자의 역할을 해야 합니다.

3. 14~19세 청소년기 자녀에게는 상담자, 지지자의 역할

청소년기는 자녀의 성장과 발달이 두드러지면서 자녀가 스스로 자립하려는 경향이 보이는 시기입니다. 사춘기에는 자신을 매우 중요하고 가치 있게 생각하면서도 자신의 발육이 또래 집단과 다를 때 불안하게 느낍니다. 자신은 모두의 관심을 받고 있다고 여기고 예외적인 특별한 존재라서 자신의 경험은 매우 특별하다고 생각하여 무모한 행동을 하기도 합니다. 이 시기에는 또래 집단의 친밀감, 우정, 관심, 가치, 이성교제가 중요합니다. 따라서 청소년기 자녀의 부모는 청소년기 자녀의 발달적 특성을 이해하고, 개방적인 대화를 통해 학업 문제, 친구 관계, 이성 문제에 대해 자녀의 마음을 헤아리는 상담자와 격려자의 역할을 해야 하며, 자녀가 확고하게 자아 정체감을 형성하도록 도와야 합니다.

자녀를 키우면서 어려운 일에 처하거나 당황하게 되는 순간마다 부모는 우선 자신의 마음을 다스려야 합니다. 부모의 격한 반응은 문제해결에 도움이 되지 않으므로 우선 침착해야 합니다. 먼저 자녀의 입장을 깊이 듣고, 공감하며 자녀의 마음을 읽어주는 것이 중요합니다. 부모는 자녀가 힘든 마음을 편안하게 드러내고 정서적으로 기댈 수 있는 든든한 보금자리 역할을 해야 합니다. 어려운 상황에서도 부모가 흔들리지 않고 자녀를 응원하고 격려하면 자녀도 어려움을 극복할 수 있습니다.

그랬구나! ♡ 부모의 이혼을 어떻게 말하죠?

이혼은 자녀에게 정서적으로 심리적으로 큰 충격이지만 자녀가 이해할 수 있도록 자녀의 나이에 맞게 잘 설명해야 합니다. 특히 자녀가 '나 때문일 수도 있다'라는 죄책감을 느끼지 않도록 또는 '나를 버리려고 하는 건가'라는 불안과 두려움을 느끼지 않도록 해야 합니다.

부모가 이혼의 과정에서 서로를 비방하지 말고 자녀를 개입시키지 말아야 합니다. 그리고 이혼 후에 자녀의 일상생활에서 일어날 변화를 구체적으로 예상하도록 진실을 알려주어서 자녀가 막연한 희망을 품지 않도록 드라마나 동화책을 통해 이야기하는 방법도 추천합니다.

부모 자신이나 자녀가 이혼을 받아들이는 데에는 시간이 필요합니다. 스스로 긍정적인 생각을 하고 적극적으로 생활하려고 노력해야 합니다. 자녀는 매 순간 부모의 기분을 살피고 영향받는 존재입니다. 환경의 변화는 성격의 변화로 연결되기도 하므로 서로에게 관심을 보이도 더 자주 칭찬하고 격려하고 인정해야 합니다. 혼자 양육해야 하므로 부모도 힘들지만, 어느 정도는 자녀의 선택과 책임을 존중하면서 부정적인 반응을 하지 않도록 결심하세요. 그리고 이혼 후에도 부모를 편안하게 정기적으로 만날 수 있게 하고, 주변에도 이혼 사실을 공개하여 자녀가 거짓말을 할 필요가 없게 해주고 주변 친척이나 이웃, 선생님에게 적극적으로 도움을 받을 수 있게 하세요.

그랬구나! ♡ 부모가 하지 말아야 할 것

심리학자 Baumrind는 부모의 유형을 자애롭기만 한 부모, 엄격하기만 한 부모, 엄격하지도 못하고 자애롭지도 못한 부모, 엄격하면서도 자애로운 부모로 나눕니다. 이때 엄격하다는 것은 자녀가 자신의 잘못을 깨닫고 스스로 행동을 변화하게 하는 것이고, 자애롭다는 것은 사랑받고 있고, 인정받고 있고, 이해받고 있다고 느끼게 하는 것을 말합니다. 이 유형 중에 가장 나쁜 유형은 어떤 부모일까요? 엄격하지도 못하고 자애롭지도 못한 부모입니다.

'좋은 부모가 되는 방법은 이것입니다'라고 정할 수 없습니다. 환경에 따라 또 사람에 따라 상황마다 다르기 때문입니다. 그러나 '이렇게 하면 나쁜 부모입니다'라는 것은 정해져 있습니다. 더 좋은 부모가 되려고 노력하는 것은 끝이 보이지 않는다면 나쁜 부모가 되지 않는 편을 선택하세요. 자녀를 사랑하고 교육하는 기준이 흔들리는 부모는 자녀가 수시로 부모의 기분을 살피게 만듭니다. 똑같은 행동을 했는데 부모가 기분이 좋은 날은 야단치지 않고, 부모가 기분이 나쁜 날은 야단맞는 경우가 반복되면 나쁜 부모입니다.

부모가 하지 말아야 할 것은 첫째로 자녀를 자주 비판하는 것은 나쁩니다. 자녀가 잘못하는 부분에 대해 수치심을 주지 않고 올바르고 긍정적인 방향으로 이끌어야 합니다. 자녀를 독립된 인격체로 존중하고 자녀에게 해야 할 일과 해서는 안 되는 일을 가르쳐야 합니다. 둘째는 자녀에게 무관심한 것은 나쁩니다. 부모는 자녀의 개인적인 특성을 관찰하고 자녀가 맡은 일에 최선을 다하도록 도와주어야 합니다. 부모는 자녀를 진심으로 사랑하되 절제 있는 태도를 해야 합니다. 셋째로 부모의 가치 기준이 흔들려서 이랬다저랬다 하는 것은 나쁩니다. 부모는 일관된 철학으로 자녀를 키우고 자녀가 독립심과 책임감을 기르도록 올바른 삶의 본보기가 되어야 합니다. 아동문학가인 James Baldwin은 "어른 말을 잘 듣는 아이는 없다. 하지만 어른이 하는 대로 따라오지 않는 아이도 없다"고 했습니다. 넷째는 명령하거나 지시하는 말투를 사용하는 것은 나쁩니다. 자녀가 학생이 되어서 새롭게 배우고 성장하는 과정에서 부모의 말투는 매우 중요합니다. 큰 목소리로 명령하는 것과 따스한 작은 목소리로 '어떤 방법이 좋을까?'라고 말하는 것은 다릅니다.

자녀에게 명령이나 지시를 하는 이유는 자녀가 해답을 찾지 못할 것이라는 부정적인 신념으로 내가 너를 가르치고 해결해야 하기 때문입니다. 반면에 자녀는 분명히 스스로 해답을 찾아서 실천할 수 있는 존재라고 확신하는 부모는 질문하는 것입니다. 질문으로 생각하고 성장하는 자녀가 되도록 도와주셔야 합니다.

그랬구나! ♡ 자녀가 싸우고 이를 때 힘들어요

자녀는 왜 자꾸만 싸울까요? 개인마다 개성을 가졌기에 서로 다른 기질을 가진 아이들이 싸우는 것은 어쩌면 자연스러운 일입니다. 싸울 때 말로만 싸우는지 서로 몸을 건드리거나 때리면서 싸우는지가 더 중요합니다. 말로 잘 싸우려면 설득해야 하고 자기주장을 하는 방법이 생길 겁니다. 그럴 때는 바르고 깨끗한 말을 사용하여 토론하고 더 세련되게 말하는 것을 가르쳐야 합니다.

싸울 때 서로 몸을 건드리거나 때리는 것은 안 됩니다. 가정 내 가족의 인권이나 성인지 관점에서 바라보는 것이 필요합니다. 부모가 싸우면서 욕설이나 폭력을 할 경우는 자녀에게 교육적으로 설명하기 곤란합니다. 그렇지 않다면 부모가 하듯이 아무리 화가 나더라도 상대의 몸을 건드리거나 때리는 것은 안 된다고 선언해야 합니다.

자녀들은 그럴 때마다 왜 이를까요? 부모라는 권력자에게 이르는 건 부모의 사랑을 얻기 위해서입니다. 기억해보세요! 일렀을 때 부모가 어떻게 행동했는지에 해답이 있습니다. 자녀에게는 부모의 몸이 누구에게 가까운가가 의미를 줍니다. 두 명 중 누구 옆으로 다가가서 누구를 보고 말하는지가 누구를 편들어준다는 의미로 해석되곤 합니다. 예를 들면 동생이 누나를 이른 경우에 부모가 동생 손을 잡고 누나를 보면서 왜 또 싸우냐고 말하면, 입으로는 왜 싸우냐고 하지만 엄마의 태도는 누나가 원인을 제공했다는 것으로 해석되기 마련입니다. 자녀를 훈육할 때 한 명은 부모 옆에 앉게 하고 다른 한 명은 부모 앞에 앉게 하는 경우 대화를 시작하기도 전에 이미 공정하거나 공평하지 못합니다.

또한 두 자녀를 모두 부모 앞에 앉히고 삼자대면하는 경우 부모는 어려움을 겪을 수 있습니다. 이런 경우 1:1로 먼저 대화하기를 추천합니다. 자녀 한 명을 먼저 방으로 들어오게 하세요. 방에 들어오면 부모 옆에 앉히고 아무 말을 하지 않은 채 우선 손을 잡고 손등을 보드랍게 문질러 주세요. 스킨십으로 자녀를 안심하게 해주는 겁니다. 그런 다음 누가 들으면 안 되는 비밀이야기를 하듯이 작게 속삭이는 말투로 네가 하고 싶은 이야기를 해보라고 하세요. 보드랍게 스킨십하고 부모가 작게 말하면 이미 나를 믿어주고 사랑해준다고 느껴서 정서적으로 편안해지니 더 잘 말하게 됩니다.

자녀의 이야기를 듣되 작은 소리로 또는 입 모양으로 '아, 응, 어머, 헐, 대박' 등 감탄사로 반응하기를 하면서 끝까지 말하도록 말을 끊지 말아야 합니다. 다 들으면 결론은 대부분 때렸다, 약 올렸다, 건드렸다, 밀었다 등입니다. 긴 이야기를 들은 후 부모는 '아, 때렸구나' '아, 약 올렸구나' 등으로 한 문장만 말합니다. 그런 다음 처음처럼 자녀의 손을 잡고 손등을 쓰다듬거나 어깨를 도닥여줍니다. 이때 고개를 끄덕이되 말은 하지 않습니다.

이렇게 이야기를 들은 후에는 다른 자녀를 방으로 오게 하세요. 두 번째로 부모와 대화하는 자녀는 방금 어떤 이야기를 나누었는지 궁금해서 '무슨 얘기 했어요?', '뭐라고 했어요?'

라고 합니다. 이때가 중요한 순간입니다. 작게 속삭이듯이 '신경 쓰지 마, 지금부터 네 얘기 들을 건데 왜 신경 써? 그냥 네가 하고 싶은 얘기 해 봐!'라고 말한 후 부모 옆에 앉히고 아무 말을 하지 않은 채 우선 손을 잡고 손등을 보드랍게 문질러 주세요. 방금 첫째 자녀와 이야기한 것처럼 들어주고 도닥여줍니다.

부모는 A의 말을 들으면서 B를 언급하지 말아야 합니다. B가 잘 못 했다든지 B도 그럴만한 이유가 있었을 거라고 하면 안 됩니다. 특히 B의 편을 들면 더 나쁩니다. 부모는 A와 B의 감정을 들어줄 뿐이지, 한 아이에게 다른 아이를 혼내주겠다고 하거나, 누가 더 나쁘다고 말하지 않는 것이 바람직합니다. 두 자녀의 말을 다 듣고 내용이 일치하지 않더라도 중요한 것은 두 자녀의 마음을 각각 인정하고 불편한 내용에 대해서만 서로 사과하게 하면 됩니다.

사과하는 방법은 내 이야기나 행동을 통째로 사과하는 것이 아니라 잘못된 부분을 조각으로 사과하는 것입니다. 이렇게 1:1로 두 자녀의 이야기를 듣고 난 후에는 부모가 얘기를 들었는데 A가 때린 거는 잘못한 거니까 B에게 '내가 때린 건 잘못했어'라고 사과하면 되는데 할 수 있냐고 묻고 사과하도록 도와주세요. B에게도 약 올린 거는 잘못한 거니까 '너도 A에게 약 올린 거는 잘못했어'라고 사과하도록 알려주세요. 내가 다 잘못한 게 아니라 그것만 잘못했다고 제대로 사과하면 금방 마음이 풀릴 수 있습니다.

자녀는 부모에게 왜 이른다고 생각하세요? 부모한테 이르면 어떤 형태로든 무언가 보상이 있기 때문입니다. 자녀는 누구나 부모의 사랑을 많이 받고 싶습니다. 만약 자녀가 우리 집에서 가장 힘 있는 사람이 아빠(엄마)라고 생각하면, 아빠(엄마)의 인정을 더 많이 받고 싶은 것은 당연합니다. 어떤 초등학생은 부모가 가진 힘을 권력이라고 표현했습니다. 자녀의 이르는 행동은 우리 집 권력자와 잘 지내고 싶고, 형이나 동생을 일러서 형이나 동생이 야단을 맞으면 내가 더 사랑받을 수 있다고 생각하고 그만큼 부모에게 더 사랑받으려는 것입니다.

자녀가 이를 때 부모의 태도를 점검해 보세요. 자녀 덕분에 기쁠 때 어떤 표정과 목소리와 몸짓으로 표현하고, 또 자녀로 인해 속상할 때는 어떻게 표현하는지는 매우 중요합니다. 두 자녀가 서로 부모에게 이르는 것은 분명 슬프고 몸에서 기운이 빠질 일입니다. 부모가 속이 상하고 몸에서 기운이 빠지면 당연히 목소리도 처량해야 제대로 된 슬픈 표현입니다.

부모가 실망하는 목소리와 표정, 맥이 풀리는 표정, 씁쓸한 한숨을 내쉬고, 작은 목소리로 "정말이야?"하고, "부모 노릇 하기가 참 어렵구나! 잘 키워보려고 애쓰는데 참 어렵네. 얘기 듣고 나니까 엄마(아빠)가 기운이 빠진다. 정말 걱정이구나!" 하고 마치 배우처럼 연기에 몰입해서 딱 맞게 표현을 해야 합니다. 그러면 자녀는 괜히 별것도 아닌 일로 부모를 속상하게 한 것은 아닌지 생각하고 부모가 걱정하지 않도록 해야겠다는 배움을 얻을 것입니다.

그랬구나! ♡ 약속을 안 지켜요

부모는 자녀가 약속을 안 지킬 때 화가 난다고 합니다. 어떤 약속을 안 지키는지 물어보면 숙제를 해놓기로 하고 안 했다든지 자기가 할 일은 스스로 하기로 했는데 안 한다고 합니다. 자녀가 약속이 잘 안 지켜지는 데는 그럴만한 이유가 있습니다.

자녀와 함께 동등한 입장에서 참여하고 충분히 합의한 약속이라면 실행력이 커질 수 있으나, 부모가 일방적으로 한 약속이라면 혼나지 않으려고 약속을 실행하는 '척'만 하고 꾸준히 실행하기 어려울 수 있습니다. 실행력이 커지게 하려면 동기부여가 잘 되어야 합니다. 먼저 작은 성공을 위한 약속을 정하세요. 자녀가 약속을 잘 지키도록 도와주고 인정해주고 훈련하는 노력이 필요합니다.

반대로 부모가 자녀와의 약속을 잘 지켰는지도 생각해보세요. 자녀와의 약속을 어긴 횟수가 증가할수록 부모에 대한 실망이 커지고 부모에게 사랑을 받지 못하는 것으로 느끼기도 합니다. 약속을 잘 지키게 하려면 대화를 통해 문제를 충분히 인식시키고 스스로 개선점을 찾도록 도와주는 방법이 제일 좋습니다.

자녀 스스로 주도적인 자기 관리를 하기 위해서 포스트잇에 오늘 해야 할 일을 적어서 방문에 붙이는 방법을 추천합니다. 포스트잇 한 장에 한 가지를 구체적으로 적습니다. (예, 수학 문제집 12~13쪽 풀기, 16:00 태권도 학원가기, 20:00 일기 쓰기) 방문에 붙어있는 포스트잇을 보면 자연스럽게 부모의 잔소리가 줄어듭니다. 자녀는 해야 할 일을 끝낼 때마다 포스트잇을 떼어서 일기 노트에 옮겨 붙입니다. 일기 노트가 두꺼워지면 뿌듯하고 성취감이 거듭되면 더 실행력이 커질 것입니다.

자녀는 칭찬받으려는 마음으로 부모를 기쁘게 하는 일을 먼저 합니다. 부모가 방금 숙제를 잘 마친 자녀를 인정하고 칭찬해준다면 숙제에 걸리는 시간도 더 짧아질 수 있습니다. 자녀가 약속한 숙제를 다 했다고 할 경우, 부모가 학습지 몇 장을 더 풀라고 하거나, 글씨가 엉망이라고 하면 숙제하기가 싫어집니다.

예를 들면 자녀가 숙제를 다 했다고 하면 "우와, 벌써 숙제를 끝냈다고 하니 엄마(아빠)가 기분이 무척 좋구나", "네 숙제가 계속 신경 쓰였는데 잘했다. 엄마(아빠)가 개운한 기분이다", "너 부모에게 효도한 거야"라고 칭찬해주세요. 그리고 스스로 할 일을 한 경우에도 마찬가지로 "엄마(아빠)가 말하지 않았는데도 잘했구나! 의젓하고 믿음직하네. 엄마(아빠)를 기분 좋게 한 거니까 오늘도 효도했구나!"라고 말해주세요.

그랬구나! ♡ 게임만 좋아하고 공부는 싫어해요

코로나 19로 인해 자녀가 온라인 학습을 하는 시기이므로 부모는 자녀가 컴퓨터와 스마트폰으로 언제 어디서든 게임을 할 수 있어서 학업에 문제가 생기진 않을까, 혹여 건강이 나빠지진 않을까, 중독되는 건 아닌가 걱정이 점점 커지고 있습니다. 현재 우리는 비대면 방식으로 서로 소통하고 공부하지만 벌써 몇몇 세계포럼에서 아바타가 가상공간에 나가서 서로 소통하는 세상이 열렸습니다.

게임이 다 나쁘지 않다는 전제가 필요합니다. 게임 산업은 놀랍도록 빠르게 진화 발전하고 있습니다. 단순히 재미만 추구하는 것이 아니라 두뇌를 계발하거나 신체 활동을 유도하는 긍정적인 면도 있고 의학이나 심리 분야와 연계해 치료를 돕는 게임도 많습니다. 우리 자녀들은 게임을 통해 가상공간과 증강현실을 경험하고 있고 미래에는 가상공간 디자이너나 아바타 디자이너라는 직업이 유망합니다.

대부분의 학생은 휴식과 친교의 기능으로 게임을 선택합니다. 스트레스를 풀기 위해 자녀가 선택할 수 있는 가장 쉬운 수단이 게임이고 특히 친구와 게임을 같이하며 친해지는 일이 많습니다. 게임을 못 하게 막는 것이 아니라 게임을 하기에 적당한 시간이 언제이고, 어느 정도가 적절한가를 서로 정하는 것이 필요합니다.

자녀가 이미 게임을 50분 했는데, 부모가 화를 내면 자녀에게 50분의 시간이 휴식으로 뇌에 저장되지 못하고 스트레스로 저장된다고 생각해보세요. 어차피 게임을 했다면 휴식으로 기억하도록 도와주세요. 부모는 자녀가 독서하며 휴식하기를 원하지만 자녀에게 독서는 휴식이 아닐 수 있습니다. 그래도 자녀가 게임을 하고 있다면 진심으로 '쉬는 중이구나!'로 받아줘야 합니다. '지금 쉬는 중이구나~!', '쉬는 시간이구나~!' 라고 평온한 목소리로 인정하며 말해주세요.

더불어 "엄마(아빠)가 요즘 여러 강의를 들으니 학생들이 마땅히 쉴 방법이 별로 없고 게임이 휴식이라던데, 듣고 보니 공감 가는 부분이 있더라. 시간을 잘 조절하는 게 관건이라고 하더라. 이왕에 하는 거 재미있게 하고 스트레스 풀어라."라고 해주세요. 인정해주고 서로 관계가 좀 편해지면 그때는 시간 조절에 관한 이야기도 더 잘 받아들일 수 있습니다. 게임을 통제하는 것이 아니라 "엄마랑 이 책 한 권 같이 읽을까? 재밌게 읽고 나면 1시간 정도 게임을 하면서 쉴 수 있게 해줄게!"처럼 동기부여 하는 것이 좋습니다.

그랬구나! ♡ 알파세대와 Z세대 자녀의 사춘기

2010~2024년에 출생하는 알파세대의 부모는 밀레니얼세대(Y세대)가 대부분입니다. 알파세대는 태어나면서 스마트 기기를 접했고 인공지능(AI)와 함께 공부하며 기계와 소통하는 세대입니다. Z세대는 일반적으로 1990년대 중반에서 2000년대 초반에 태어난 젊은 세대로 현재 초등 4학년부터를 '디지털 네이티브'라고 합니다.

사춘기는 아무나 할 수 있는 것이 아닙니다. 사춘기는 자녀가 생각할 때 '나도 다 자랐다'라고 느끼고 부모가 경제적으로든 직업이나 가정 문제에서 별다른 문제가 없고 괜찮아 보일 때 시작합니다. 즉 자녀 눈에 우리 집이 잘사는 것으로 보이면 마음 놓고 사춘기를 누려도 된다고 생각하는 겁니다. 또 교실에서 친구 관계도 편하고 적당히 존재감이 있어야 사춘기를 유난스럽게 할 수 있습니다. 사춘기에 또래 관계에 문제가 생기면 대인관계나 자존감에 상처를 받기도 합니다. 다르게 보면 사춘기가 되어 눈치 보지 않고 자기에게 몰입할 수 있다는 것은 축하할 일입니다.

그래서 지금 자녀가 사춘기 절정이라면 정말 축하합니다. 요즘 자녀는 부모 세대보다 여러모로 환경이 좋아서 사춘기를 많이 하는 편입니다. 철이 들고 나면 격렬한 사춘기는 못 합니다. 사춘기라는 것은 자녀가 생각할 때 우리 집 괜찮다는 것이니까, 거꾸로 뒤집어 생각하면 부모도 기분 좋은 일입니다.

사춘기를 안 하고 건너뛰는 것이 아니라 뒤로 연장됩니다. 나중에 기회가 되면 그때 사춘기를 하는 것입니다. 형제 중 한 명이 부모의 속을 썩이면 다른 자녀는 사춘기를 참았다가 끝나면 내 차례를 기다렸다는 듯이 사춘기를 합니다. 대학생이 되어서 하기도 합니다. 사춘기에는 부모는 뒷전이고 친구가 먼저입니다. 자기를 다른 사람이 어떻게 볼 것인가를 고민하고 만약 부모가 내 친구를 무시하거나 반대한다면 부모와 벽을 쌓을 수도 있습니다.

자녀의 사춘기에 부모가 무조건 겁먹을 필요는 없습니다. 부모가 존중하는 그만큼만 성장한다는 점을 기억하고 더 존중해주세요. 사춘기는 내 아이와 수평적인 관계를 시작하는 시기로 부모는 자녀의 의견과 결정을 존중해야 합니다. 넘어서는 안 되는 최소한의 규칙 2~3가지로 합의하고 믿어줘야 합니다. 큰 틀은 정하되 그 안에서 자유롭게 해 주는 것이 좋습니다. 긍정적인 생각으로 자녀를 격려해야 합니다. 자기 자신을 사랑하고 다른 사람을 배려하도록 해야 합니다. '다 컸구나! 다 큰 너한테 엄마가 걱정돼서 말이야'라고 말하면 '내가 다 큰 거 엄마도 알고 있네요?' 하며 웃습니다. 그렇게 존중받고 싶어 합니다.

사춘기 자녀와의 대화에서 시계와 숫자를 사용할 경우 관계가 편안할 수 있습니다. 미국 정서를 가진 자녀 세대를 설득할 때는 데이터가 있으면 더 대화하기 쉽습니다. 예를 들면, 자녀의 게임 시간을 줄이기 위한 효과적인 대화를 위해 먼저 부모는 자녀의 일상을 시계로 확인하여 일과표를 작성합니다. 적어도 2~3일 동안 기상 시간부터 취침까지의 일과를 시계로 표시하는 방법입니다. 점심 식사 20분, 국어 공부는 12~13쪽 하는데 34분, 수학 숙제는 23~24쪽 푸는데 40분, 영어단어 외우기는 20개 외우는데 30분, TV 시청하기 65분 등으로 쓰고 게임 110분이라고 쓰면 객관적으로 생각할 데이터가 있는 것입니다. 부모가 먼저 타임워치로 일과의 시간을 쓰고, 자녀와 이야기를 나눈 후에는 자녀 스스로 타임워치를 사용할 수 있도록 도와주면 좋습니다.

그랬구나! ♡ 생리대와 콘돔 이야기

자녀가 사춘기에 접어들고, 신체적 변화로 2차 성징이 나타나면 부모는 어떻게 해야 할지 당황하는데, 특히 초경과 사정에 대한 성교육 대화를 어려워합니다. 여자가 생리하는 것처럼 남자는 사정을 하는 것이 일반적입니다. 딸에게 생리에 대해 미리 알려주어야 당황하지 않고 대처를 하듯이 아들에게도 사정 특히 사춘기의 몽정에 대해 부모가 미리 알려주어야 합니다. 생리를 시작하면 '초경파티'를 해서 자연스러운 성장을 축하해 주듯이 아들에게도 '존중파티'를 해줄 거라고 약속하고 몽정하면 부모에게 알리도록 해주세요.

아들에게 '네 친구 중에 몽정한 친구 있니?'라고 먼저 물어보고, '너도 어느 날 몽정을 하게 될 거야. 자고 일어났을 때 소변을 본 건 아닌데 팬티가 약간 축축하고 끈적이는 부분이 있다면 그게 몽정이란다'라고 알려주세요. 딸에게 생리 팬티를 부분 손세탁하는 것을 알려주듯이 아들에게 몽정한 팬티의 처리에 대해서도 미리 알려주셔야 합니다. 몽정한 팬티를 그냥 두면 세균이 번식하므로 부분 손세탁을 해서 빨래통에 넣거나 그렇게할 수 없을 때는 그냥 빨래통에 넣지 말고 걸쳐두기로 서로 약속해서 엄마가 처리하는 방법도 있습니다.

딸이 주기적으로 생리하듯이 아들은 주기적으로 사정을 합니다. 주기적인 사정의 과정에서 자위행위가 이루어지는데 이러한 자위행위는 나쁜 행동이 아니라 생리처럼 자연스러운 일입니다. 그러나 몽정은 매월하는 생리와는 다르게 자주 이루어진다는 점을 알아주세요.

엄마들이 모유 수유하면서 젖몸살을 자연스럽게 대화하듯이 남자들은 자위를 자연스럽게 대화할 수 있습니다.

자위행위는 자기의 몸을 긍정적으로 바라보는 훈련입니다. 건강한 자위행위는 편안한 마음으로 깨끗하고 바르게 해야 하므로 깨끗한 몸관리, 깨끗한 물수건, 티슈에 대해 알려주세요. 혹시 아들의 자위행위를 알게 되었을 경우 너무 당황하지 말고 건강한 자위예절을 알려주어야 합니다. 자위예절은 첫째, 내가 나에게 하기 둘째, 야한 동영상이나 자극적인 매체에 의존하기보다는 혼자 상상하며 하기 셋째, 나 혼자만의 공간에서 하기 넷째, 기분이 나쁠 때보다는 기분이 좋을 때 하기입니다.

콘돔사용도 생리대 사용처럼 배우고 연습해야 합니다. 누구나 생리대를 살 수 있는 곳에서 누구나 일반형 콘돔을 살 수 있습니다. 부모는 생리대와 동등하게 콘돔을 긍정적으로 인식하고 준비해야 합니다. 네덜란드 10대 청소년은 첫 경험시 95%가 콘돔을 사용하며 15%는 콘돔과 피임약을 모두 사용했다는 자료가 있습니다. 이렇듯 요즘 Z세대 젊은이들은 식사 후 더치페이하듯이 많은 커플이 서로 사랑할 경우 더치피임을 선택하기도 합니다.

그랬구나! ♡ 우리 가족의 인권 이야기

처음으로 인권존중을 경험하는 곳이 가정입니다. 부모는 자녀가 출생하기 전부터 새 생명에게 인간으로서의 존엄을 부여하고 태교에 신경을 썼습니다. 양육의 과정에서도 자녀의 표정과 요구를 민감하게 알아차리고 생존과 발달을 위해 정성을 쏟았습니다. 그런데 어느 순간부터 훈육을 이유로 사랑의 매를 들고 '너 자꾸 말 안 들으면 맞는다!'라고 경고를 하거나 '누굴 닮아서 이 모양이니?', '자꾸 떼쓰면 밥도 안 줄 거고 혼날 줄 알아'라는 말을 합니다. 모든 인간은 존엄하며 존중받고 인간답게 살아갈 권리가 있다는 **인권은 배우고 실천할 때 실현되는 것입니다.**

우리 가정의 일상을 인권이라는 시각으로 바라보면 어떤가요? 부모와 자녀라는 관계에서 자녀는 돌봄과 보호가 필요한 약자이지만 동시에 권리의 주체입니다. 자녀가 잘하는 부분과 자랑하고 싶은 부분을 떠올려보세요. 저절로 입가에 미소가 지어질 거예요. 반대로 자녀가 좀 더 잘해야 할 부분과 아쉬운 부분을 생각하면 걱정과 두려움이 생깁니다. 존엄한 인격체이자 존재로서 자녀를 사랑한다는 것은 무언가를 잘해야 사랑받는 것이 아니라 그냥 아무것도 하지 않아도 있는 그대로의 자녀를 사랑한다는 것입니다.

최근에는 아동학대 사건이나 성폭력 사건 등으로 인권 감수성과 성인지 감수성이 중요하게 다뤄지고 특히 가족의 인권이 강조되고 있습니다. 가정에서 부모가 아동의 인권을 보장하지 못하면 국가와 사회가 개입하도록 책임을 줍니다. 자녀에 대한 욕심 때문에 좀 더 잘하게 하려고 수치심을 느낄 정도로 화내고 심한 말을 한 경험이 있습니까? '여자는 그러면 안 된다', '남자니까 이렇게 하는 거야', '엄마가 아이를 키워야지', '아빠는 돈을 벌어와야 한다'라는 등의 표현을 하기도 합니다. 이런 생각들은 사회 통념에 의한 것일 뿐입니다. 이제는 아동은 보호의 대상일 뿐 아니라 자신의 목소리를 가진 권리의 주체라는 점을 알아야 합니다. 즉 가족은 상호 간의 권리와 책임이 동반됩니다.

가족관계 속에서 권리를 서로 주장하고 갈등이 충돌하는 경우에는 되도록 약자의 인권을 먼저 챙겨야 합니다, 문제해결도 중요하지만, 상대의 입장을 공감하고 배려하며 존중하는 과정을 통해서 문제를 해결하는 것이 더욱 중요합니다. 아동 스스로 자신이 권리의 주체임을 경험하도록 가정에서 부모의 노력이 필요합니다.

사람들은 거절당하고 쓸모없는 존재라고 느끼거나 모욕을 당해서 수치심을 느끼면 방어적인 태도를 하거나 잔인한 공격을 선택합니다. 각자의 권리를 인정하고 건강하게 관계할 때 더 적극적으로 행복한 삶을 살아가고, 타인에게 인정받고 스스로 만족했을 때 자발적으로 올바른 행동을 선택합니다.

세계인권선언 전문

모든 인류 구성원의 천부의 존엄성과 동등하고 양도할 수 없는 권리를 인정하는 것이
세계의 자유, 정의 및 평화의 기초이며,

인권에 대한 무시와 경멸이 인류의 양심을 격분시키는 만행을 초래하였으며,

인간이 언론과 신앙의 자유, 그리고 공포와 결핍으로부터의 자유를 누릴 수 있는 세계의
도래가 모든 사람들의 지고한 열망으로서 천명되어 왔으며,

인간이 폭정과 억압에 대항하는 마지막 수단으로서 반란을 일으키도록 강요받지
않으려면, 법에 의한 통치에 의하여 인권이 보호되어야 하는 것이 필수적이며,

국가 간에 우호 관계의 발전을 증진하는 것이 필수적이며,

국제연합의 모든 사람들은 그 헌장에서 기본적 인권, 인간의 존엄과 가치, 그리고 남녀의
동등한 권리에 대한 신념을 재확인하였으며, 보다 폭넓은 자유 속에서 사회적 진보와
보다 나은 생활 수준을 증진하기로 다짐하였고,

회원국들은 국제연합과 협력하여 인권과 기본적 자유의 보편적 존중과 준수를 증진할 것을
스스로 서약하였으며,

이러한 권리와 자유에 대한 공통의 이해가 이 서약의 완전한 이행을 위하여 가장 중요하므로,

이에,

국제연합총회는,

모든 개인과 사회 각 기관이 이 선언을 항상 유념하면서 학습 및 교육을 통하여 이러한 권리와 자유에 대한 존중을 증진하기 위하여 노력하며, 국내적 그리고 국제적인 점진적 조치를 통하여 회원국 국민들 자신과 그 관할 영토의 국민들 사이에서 이러한 권리와 자유가 보편적이고 효과적으로 인식되고 준수되며 노력하도록 하기 위하여, 모든 사람과 국가가 성취하여야 할 공통의 기준으로서 이 세계인권선언을 선포한다.

출처: 외교부 홈페이지, 세계인권선언문 국문본

유엔아동권리협약 전문

협약의 당사국들은 다음의 전제에 동의해 유엔아동권리협약의 조항에 합의했다.
유엔 헌장의 원칙에 따라 세계 평화와 정의, 자유의 성취는 모든 인류의 존엄성 및 평등하고 절대적인 권리를 인정하는 데 달려 있음을 고려한다.
유엔 체제하의 모든 국민들이 인권과 인간의 존엄성에 대한 신념을 유엔 헌장에서 재확인하는 한편 충분한 자유를 보장받는 가운데 사회 발전과 생활 수준 향상을 촉진하기로 결의했음을 유념한다.
유엔이 세계인권선언과 국제인권규약을 통해 모든 사람은 인종, 피부색, 성별, 언어, 종교, 정치적 의견, 민족적 사회적 출신, 재산, 태생, 신분 등의 차별 없이 이 선언과 협약에 규정된 모든 권리와 자유를 누릴 수 있음을 선언하고 동의했음을 인정한다.
아동기에는 특별한 보호와 도움을 받을 권리가 있음을 천명한 유엔 세계인권선언을 상기한다.
가정은 사회의 기본적인 집단이며 특히 아동의 발달과 행복을 위한 천연의 환경이므로 공동체 안에서 가정이 본연의 책임을 다할 수 있도록 보호와 도움을 받아야 함을 확신한다.
조화로운 인격 발달을 위해 아동은 가족 환경과 행복, 사랑과 이해 속에서 성장해야 함을 인정한다.
아동은 사회인으로서 삶을 살아가기 위한 충분한 준비를 해야 하며, 유엔 헌장이 선언한 평화 존엄 관용 자유 평등 연대의 정신 속에서 성장해야 함을 고려한다.

아동에 대한 특별한 보호의 필요성은 1924년 아동권리에 관한 제네바 선언과 1959년 11월 20일 유엔 총회가 채택한 아동권리선언에 명시되어 있으며, 세계인권선언, 시민적 정치적 권리에 관한 국제규약(특히 제23조 및 제24조), 경제적 사회적 문화적 권리에 관한 국제규약(특히 제10조) 및 아동의 복지와 관련된 전문 기구와 국제기구의 규정 및 관련 문서에서 인정되었음을 유념한다.

아동권리선언이 명시하는 바와 같이, "아동은 신체적 정신적으로 미성숙하므로 출생 이전부터 아동기를 마칠 때까지 적절한 법적 보호를 비롯해 특별한 보호 조치와 돌봄이 필요하다"는 점에 유념한다.

국내외 가정 위탁과 입양 문제를 명시한 '아동의 보호와 복지에 관한 사회적 법적 원칙에 관한 선언'의 제 규정, '소년사법 운영을 위한 유엔 최소표준규칙(베이징규칙)' 및 '비상시 및 무력 충돌 시 여성과 아동의 보호에 관한 선언'을 상기하고, 세계의 모든 국가에는 매우 어려운 상황에서 생활하는 아동들이 있으며, 이 아동들을 특별히 배려해야 함을 인정한다.

아동의 보호와 조화로운 발달을 위해 각 민족의 전통과 문화적 가치의 중요성을 충분히 고려하고, 모든 국가, 특히 개발도상국 아동의 생활 여건 향상을 위한 국제협력의 중요성을 인정한다.

출처: 유니세프코리아 홈페이지, 유엔아동권리협약

해옥샘의 뉴트로 대화코칭 워크북
굿럭! 뉴트로♡데이트

초판 1쇄 발행_ 2021년 07월 26일

지은이_ 최 해 옥

펴낸이_ 최 해 옥
편집디자인_ 주식회사엘앤에이치(T.031-393-9401)
펴낸곳_ W&K교육연구소
등 록_ 2021년 6월 16일 제2021-000043호
주 소_ 서울특별시 금천구 벚꽃로 30, 204동 1404호
         (독산동, 금천롯데캐슬 골드파크2차 오피스텔)
구입 및 워크숍(강의) 문의
연락처_ T. 02-803-8875, 010-5551-8493
이메일_ choieduok@naver.com

·Copyright 2021. 최해옥 All rights reserved.
 ISBN 979-11-975118-6-8[13330]

·이 책은 저작권법에 따라 보호받는 저작물이므로 무단 전재와 무단 복제를 금하며
 책 내용의 전부 또는 일부를 이용하려면 반드시 저작권자의 서면 동의를 받아야 합니다.

·도서판매 수익금의 일부는 KACE에 기부합니다.